Marina A. Fares

# Aprender com as crises: uma capacidade estratégica - teorias e estudos de caso

Marina A. Fares

# Aprender com as crises: uma capacidade estratégica - teorias e estudos de caso

ScienciaScripts

**Imprint**

Any brand names and product names mentioned in this book are subject to trademark, brand or patent protection and are trademarks or registered trademarks of their respective holders. The use of brand names, product names, common names, trade names, product descriptions etc. even without a particular marking in this work is in no way to be construed to mean that such names may be regarded as unrestricted in respect of trademark and brand protection legislation and could thus be used by anyone.

Cover image: www.ingimage.com

This book is a translation from the original published under ISBN 978-3-659-88608-9.

Publisher:
Sciencia Scripts
is a trademark of
Dodo Books Indian Ocean Ltd. and OmniScriptum S.R.L publishing group

120 High Road, East Finchley, London, N2 9ED, United Kingdom
Str. Armeneasca 28/1, office 1, Chisinau MD-2012, Republic of Moldova, Europe
Printed at: see last page
**ISBN: 978-620-7-80462-7**

# ÍNDICE DE CONTEÚDOS:

## <u>*Resumo*</u>

O nosso objetivo é lançar luz sobre as novas abordagens relativas à "Gestão de Crises". Apresentaremos teorias, conceitos e implicações gerenciais para a compreensão do termo gestão de crises. Baseando o nosso trabalho em três conceitos centrais: Orientação para o Mercado - Flexibilidade Estratégica - e Aprendizagem Organizacional, o nosso objetivo é mostrar como esses conceitos ajudam as empresas a construir uma estratégia eficaz de gestão de crises. Nesta perspetiva, decidimos ilustrar os nossos temas com dois exemplos concretos, estudos de caso de empresas que operam no sector do turismo, para explicar a importância de construir uma abordagem estratégica na gestão de crises. Por fim, proporemos a síntese de algumas implicações de gestão de crises através de crises estratégicas, bem como a exploração de novas perspectivas de investigação.

## <u>*Introdução*</u>

*Dezenas de cápsulas de Tylenol foram encontradas contaminadas com cianeto em outubro de 1982 e oito das pessoas que ingeriram essas cápsulas morreram imediatamente. Este facto criou um risco para a saúde pública a nível nacional e uma crise interna para a Johnson & Johnson, o fabricante das cápsulas. Para resolver esta crise, a empresa recolheu imediatamente os retalhistas, alterou a sua embalagem e reintroduziu o produto no mercado. Em 1986, foi detectada uma segunda ronda de intoxicações nesta empresa, mas desta vez obrigaram-na a abandonar a forma de cápsula deste medicamento e a adotar a forma de "cápsula". A mudança de estratégia custou à empresa 150 milhões de dólares[1] .*

Compreender e lidar com as crises é um desafio que os gestores de topo e os investigadores organizacionais enfrentam em todo o mundo. Pauchant e Mitroff (1992) argumentaram que "as crises analisadas como situações de gestão são muito pouco prováveis de ocorrer, mas representam uma séria ameaça à sobrevivência da organização" e consideraram a gestão de crises como "estratégica por natureza".

Além disso, as crises são incidentes negativos que podem variar entre questões organizacionais de pequena escala, que vão desde desafios para o pessoal e erros organizacionais a factores externos, como catástrofes naturais e incidentes terroristas, bem como causar o desaparecimento de uma organização[2] . É a existência de tais crises que deve levar as empresas a adaptar os seus modos operacionais e a considerar as crises como um aspeto normal da vida empresarial.

Além disso, o contexto da gestão de crises está a mudar rapidamente, tanto em termos quantitativos - o número crescente de situações de crise - como qualitativos - as crises estão a desenvolver novas

---

[1] Shrivastava, P., Mitroff, I.I., (1987) "Strategic Management of Corporate Crises", *Columbia Journal of World Business, p.6*

[2] Chong J.K.S., (2004) "Six steps to better crisis management", *Journal of Business Strategy, Vol. 25, No. 2, pp. 43-46*

características. Deste ponto de vista, muitas empresas começaram a incluir a sensibilização e a formação em gestão de crises como um requisito de competência essencial para os gestores, desenvolvendo uma forma eficaz de gerir as crises.

Por outras palavras, as crises são cada vez mais encaradas como situações que oferecem oportunidades invulgares para demonstrar os pontos fortes do trabalho em equipa, a flexibilidade organizacional e o alinhamento das estratégias empresariais, bem como oportunidades para fortalecer uma organização, testando e reforçando os seus valores e a eficácia das suas políticas de gestão. A gestão de crises deve ser encarada como um processo de gestão contínuo que pode ser revisto ou reformulado em qualquer altura e que deve ser atualizado com o feedback da experiência e dos exercícios de simulação. No entanto, uma gestão eficaz das crises exige uma abordagem sistemática e disciplinada baseada na vigilância, na sensibilidade da gestão e numa boa compreensão da importância de um planeamento cuidadoso e da preparação da organização.

Com base na literatura organizacional, desenvolveremos um quadro concetual para mostrar: *"Como é que os princípios da Gestão de Crises se aplicam à condução de uma organização através de uma crise estratégica? "*

Na nossa investigação, forneceremos um modelo de síntese relativo a uma abordagem holística da gestão de crises e da estabilização de problemas que podem levar a uma reconfiguração da estrutura de gestão, da cultura da organização, etc... salientando que todas as organizações devem conceber e implementar estratégias eficazes para lidar com o caos e a mudança. Essas estratégias específicas devem ser desenvolvidas para lidar com uma crise à medida que esta progride nas suas fases de vida. As fases da vida são úteis porque podem ilustrar aos gestores quais as estratégias que podem ser consideradas ou desenvolvidas nas várias fases de uma crise e como impedir que as crises passem à fase seguinte. Mostraremos como Faulkner (2001) desenvolveu o primeiro quadro de gestão de crises específicas do turismo utilizando um modelo de fases da vida.

A gestão de crises envolve a identificação de uma crise, o planeamento de uma resposta à crise e o confronto e resolução da crise. A gestão de crises é definida como um "processo sistémico" que leva ao controlo e à prevenção de crises que uma organização pode enfrentar (Preble, J.F., 1997). A gestão de crises pode ser aplicada em quase todos os domínios de atividade, mas é mais frequentemente utilizada nas relações internacionais, na ciência política e na gestão.

Concordamos que a capacidade de gerir situações de crise pode ser analisada como uma verdadeira questão de gestão estratégica; esta é a razão pela qual decidimos centrar o nosso plano de investigação neste contexto específico de gestão de crises.

Por conseguinte, tentaremos fornecer um modelo de síntese relativo às novas abordagens das crises estratégicas. Este modelo permitir-nos-á compreender como uma gestão de crise pode conduzir uma empresa através de crises estratégicas.

O modelo será ilustrado através de um estudo de caso de uma empresa do sector do turismo que foi abalada por uma crise. A principal razão que nos levou a decidir por este caso é o facto de, nos últimos anos, a indústria global do turismo ter passado por muitas crises, incluindo ataques terroristas, instabilidade política e recessão económica. Consequentemente, uma empresa que opera no sector do turismo está, por dedução, a operar num ambiente que é arriscado por natureza.

O nosso projeto começa por definir as crises para melhor compreender estes fenómenos, antes de delinear o desejo de gerir estes incidentes. Os princípios da gestão de crises podem ajudar uma organização a lidar com todos os tipos de crises, sejam elas financeiras, ambientais, políticas... No entanto, neste documento, vamos concentrar-nos na forma como as ideias de gestão de crises podem ter um impacto direto na capacidade de uma organização para lidar com uma crise estratégica.

Em seguida, sugerimos que uma abordagem estratégica pode ser muito importante para a gestão de crises. Para ilustrar este ponto de vista, analisá-lo-emos através de estudos de caso do sector do turismo. Por último, a nossa investigação discutirá as futuras vias de investigação, que poderão contribuir para uma melhor compreensão, planeamento e gestão das crises.

**CAPÍTULO 1**

*Revisão da literatura*

## 1   O CONCEITO DE CRISE

# 1.1 Definição de "crise"

O estado atual do mundo é diretamente responsável por um aumento das catástrofes e das crises (Brammer, 1990; Blaikie, Cannon, Davis & Wisner, 1994). O nosso ambiente está em constante mutação, enquanto as populações continuam a expandir-se e, com a maior utilização da tecnologia e a urbanização, tem-se registado um aumento das situações de crise (Richardson, B., 1994).

Originalmente, uma crise foi definida como "um desastre de base organizacional que causa danos extensos e perturbações sociais, envolve múltiplas partes interessadas e se desenrola através de um processo tecnológico, organizacional e social complexo" (Shrivastava et al., 1988, p.285). Alguns investigadores acrescentaram que, em qualquer definição de crise, está implícito um elemento de surpresa, a necessidade de uma resposta rápida, a ameaça a objectivos de alta prioridade e o stress provocado por qualquer um dos elementos acima referidos. No entanto, de acordo com Reid (2001): "Uma crise é qualquer acidente que pode chamar a atenção negativa para uma empresa e ter um efeito adverso nas suas condições financeiras globais, na sua relação com os seus públicos ou na sua reputação no mercado".

Uma outra perspetiva da natureza da crise é fornecida por Selbst (1978), que se refere a uma crise como "Qualquer ação ou falta de ação que interfira com as funções em curso de uma (organização), com a realização aceitável dos seus objectivos, com a sua viabilidade ou sobrevivência, ou que tenha um efeito pessoal prejudicial, tal como é percebido pela maioria dos seus empregados, clientes e constituintes".

A definição de crise de Selbst exclui situações em que a sobrevivência de uma organização é posta em risco devido a acontecimentos sobre os quais os envolvidos têm pouco ou nenhum controlo (terramoto, tornados, inundações...).

No entanto, propôs que a crise fosse utilizada para descrever uma situação em que a causa de origem de um acontecimento é auto-infligida por problemas como a falta de competências das estruturas e práticas de gestão ou a incapacidade de adaptação à mudança.

Pauchant e Mitroff dão a definição mais completa de crise. Começam com um incidente, continuam com um acidente, seguem com um conflito e terminam com uma crise, a forma mais grave de perturbação. Assim, concluem que uma crise é "uma perturbação que afecta fisicamente um sistema como um todo e ameaça os seus pressupostos básicos, o seu sentido subjetivo de si próprio, o seu núcleo existencial" (Pauchant, T., Mitroff, 1.1., 1992)

As crises são fenómenos polimorfos que aumentam a complexidade da relação entre os componentes

5

de uma organização e o seu ambiente (Deschamps et al., 1997)

Por outras palavras, se juntarmos todas as definições acima mencionadas, podemos concluir que uma crise é algo de anormal que acontece dentro de uma organização e que a vai afetar; podemos assim defender a nossa opinião através das seguintes observações de Roux-Dufort C. e Metais E:

*Uma crise pode ser qualificada como um acontecimento sempre que se situa fora das rotinas normais da organização e quando obriga a um reexame do status quo, perturbando os elementos que representam a própria base da empresa e a "razão de ser" dos seus membros* **(Roux-Dufort, C. e Metais E., p.115,1999)**

Selbst (1978) argumentou que se uma organização se apercebe de uma crise, a intervenção da gestão é uma consideração importante na estabilização das crises. Assim, as crises tornaram-se praticamente a norma num ambiente que é simultaneamente instável e imprevisível (Shrivastava, P., 1985). Isto leva-nos a pensar que as organizações devem integrar as crises no planeamento das suas actividades. Há quatro características que parecem comuns a todas as crises: (Gonzalez-Herrero, A., e Pratt, C.B., 1995)

1. As crises são determinadas por percepções individuais e não por factos objectivos
2. As crises são frequentemente resolvidas num curto espaço de tempo
3. As crises são difíceis de gerir devido ao controlo limitado do ambiente
4. As crises numa parte de uma organização têm implicações para todos os outros elementos da organização

A análise da literatura revela algumas características gerais. As crises são analisadas como situações de gestão[3] que são:

- Muito improvável de ocorrer, mas representa uma séria ameaça à sobrevivência da organização (Pauchant, T., Mitroff, I.I., 1992)
- Com um impacto significativo nas partes interessadas da organização (Deschamps, L, Lalonde, M., Pauchant, T. C., e Waaub, J. P.,1997)
- Muito ambíguo, no sentido em que as causas e os efeitos permanecem vagos ou desconhecidos (Dutton, J.E.1986)
- Muito inesperado para os membros da organização. O período durante o qual é possível encontrar uma solução viável é extremamente curto (Pearson, C., Clair, J., 1998)

Após a definição de crise (vista acima) e a exploração das suas características comuns, destacaremos na próxima secção algumas tipologias de diferentes tipos de crise.

## 1.2 Diferenças entre crises:

---

[3] Roux-Dufort C., Metais E., (1999) "Building Core competencies in Crisis Management Trough Organizational Learning", *Technological Forecasting and Social Change, pp.113-127*

## 1.2.1 ENDÓGENO E EXÓGENO

Identificamos dois tipos de crises: Endógenas - provém de factores internos de uma organização, como a incapacidade de desenvolver alto desempenho, para minimizar o acontecimento inimaginável; e Exógenas - provém de factores externos do ambiente que influenciam ou desestabilizam as estratégias de uma organização.

Vários académicos defendem que as crises exógenas provocam ameaças que não voltarão a ocorrer da mesma forma. Por outras palavras, as crises exógenas são difíceis de controlar e preparar porque são geradas por factores ambientais instáveis, variáveis e imprevisíveis - como guerras, catástrofes naturais...

Em contrapartida, as crises endógenas são devidas a aspectos internos, geralmente relacionados com questões de gestão e que podem ser evitadas por uma organização. Por conseguinte, esperamos que o processo de aprendizagem seja um fator crucial para evitar que a mesma crise se repita.

Embora a diferenciação entre crises endógenas e exógenas seja importante, devemos ter em conta que, normalmente, as crises têm causas externas e internas. Através dos nossos estudos de caso, centrar-nos-emos em dois exemplos de crises que são essencialmente exógenas, mas que têm algumas fontes endógenas.

## 1.2.2 ABRUPTO E CUMULATIVO

A teoria dos "Equilíbrios"[4] explica que as crises podem ser explicadas a partir de duas fontes: 1) Choques externos que provocam transformações abruptas e 2) Mudanças lentas e em desenvolvimento que se acumulam e acabam por atingir o ponto de saturação.

A visão ecológica sugere que as organizações estão sujeitas a dois tipos de crises vistas de uma perspetiva dinâmica: Abrupta (acontecimentos que subitamente afastam as organizações do equilíbrio devido ao impacto súbito de perturbações internas ou externas) - e Cumulativa (crises que se acumulam lentamente e que acabam por rebentar).

Alguns investigadores sugerem que uma crise pode ser vista como um acontecimento abrupto, mesmo que resulte de mudanças cumulativas ou lentas, com pouca ou nenhuma reação por parte da organização.

Por outro lado, outros investigadores defendem que as crises não são fenómenos acidentais, mas sim o resultado final de um longo período de incubação. São a manifestação de um processo cumulativo e contínuo de disfunções organizacionais, cujos efeitos podem ser detectados muito antes do colapso efetivo; esta foi a investigação mais detalhada feita por Pauchant, T., e Mitroff, LI. (1992). Mas a opinião principal foi desenvolvida por Pearson, C., e Mitroff, I.I., em 1993, que demonstraram que

---

[4] Hwang, P., Lichtenthal, D. J., (2000) "Anatomy of Organizational Crises" *Journal of Contingences and Crisis Management, Vol. 8, No. 3, pp.129-140*

as crises têm uma "Genealogia". Deste modo, as crises podem ser precedidas de sinais de aviso antes de entrarem numa fase mais destrutiva. Por conseguinte, parece mais adequado lidar com crises cumulativas do que com uma situação de surpresa[5] .

## 1.3 Distinguir entre crises e catástrofes

Como já mostrámos acima, as crises podem ser definidas como qualquer ação ou falha que influencie as funções de uma organização. Por outras palavras, as crises implicam algum elemento de surpresa que necessita de uma resposta rápida para as enfrentar quando ocorrem. Uma crise pode ser descrita como uma situação com que um indivíduo, grupo ou organização se confronta e que não pode ser resolvida através dos procedimentos normais de rotina, mas sim através de procedimentos excepcionais.

No entanto, o termo "catástrofe" será utilizado para designar situações em que uma organização é confrontada com situações súbitas, catastróficas e caóticas, muitas vezes imprevisíveis e difíceis de controlar, tais como o "terramoto de Kobe" e as "inundações de Katherina". Assim, podemos acrescentar que uma catástrofe é um acontecimento que pode ser natural ou provocado pelo homem e à qual a comunidade afetada tem de responder, salientando a necessidade de medidas excepcionais. É possível explicar a distinção entre crises e catástrofes, consoante a escala e a origem. Segundo Faulkner (2001), as crises são induzidas internamente e podem ser parcialmente controladas, enquanto as catástrofes são geradas externamente e mais catastróficas em extensão. No entanto, não foi possível defini-las com exatidão de uma forma que nos permita identificar empiricamente quando tais situações ocorrem. Mas podemos recordar que a principal distinção entre elas é a causa principal do problema e que ambas devem ser tratadas com "medidas excepcionais".

Em suma, podemos representar as crises como situações em que as causas do problema estão associadas a mudanças contínuas e à incapacidade de uma organização se adaptar a essas mudanças. Assim, as catástrofes são provocadas por acontecimentos súbitos que escapam ao controlo da tecnologia mais avançada, sobre os quais uma organização tem relativamente pouco controlo e cujos impactos são, até certo ponto, inevitáveis.

## 1.4 Fases da vida em crise

Por outro lado, Fink (1986) e Roberts (1994) desenvolveram as fases de vida das crises. Os seus estudos basearam-se na importância das fases de vida de uma crise, uma vez que podem ilustrar aos gestores quais as estratégias que podem ser consideradas ou desenvolvidas nas várias fases de uma crise e como impedir que as crises passem à fase seguinte.

---

[5] Roux-Dufort, C., Metais, E., (1999) "Building Core Competencies in Crisis Management Through Organizational Learning", *Technological Forecasting and Social Change, pp.1 13-127*

No entanto, as estratégias para lidar com estas diferentes situações de crise variam consoante a pressão do tempo, o grau de controlo e a magnitude destes incidentes.

Assim, o nosso objetivo consiste em demonstrar que as organizações modernas devem integrar o conceito de crise como uma constante na sua estratégia global.

Vários investigadores apontaram diferentes modelos de fases de crise. Por exemplo, Pearson, C., e Mitroff, 1.1. (1993) identificaram três fases sucessivas na evolução de uma crise[6] :

1. *A fase de incubação* - durante a qual surgem muitos sinais de alerta

2. *A fase crónica* - durante a qual a crise revela os seus aspectos mais urgentes

3. *A fase pós-crise* - durante a qual a organização afetada pela crise tenta retomar as suas operações e regressar ao seu nível de desempenho anterior.

Faulkner (2001), Fink (1986) e Roberts (1994) propuseram outros modelos de fases de crise que estão representados no quadro seguinte:

| Faulkner's (2001) stages | Fink's (1986) stages | Robert's (1994) stages |
|---|---|---|
| 1.   Prevent | | *Pre-event:* where action can be taken to prevent disasters. |
| 2.   Prodromal | *Prodromal stage:* when it becomes apparent that the crises is inevitable. | *Emergency phase:* when the effect of the disaster has been felt and action has to be taken to rescue people and property. |
| 3.   Emergency | *Acute stage:* the point of no return when the crisis has hit and damage limitation is the main objective | *Intermediate phase:* when the short-term needs of the people must be deal with restoring utilities and essential services. The objective at this point being to restore the community to normality as quickly as possible. |
| 4.   Intermediate | | *Long term phase:* continuation of the previous phase, but items that could not be addressed quickly are attended to at this point |
| 5.   Long term (recovery) | *Chronic stage:* clean-up, post modern, self-analysis and healing | |
| 6.   Resolution | *Resolution:* routine restored or new improved state. | |

**Tabela 1: Fases da vida em crise Fonte: Ritchie, (2004)**

Com base nestes modelos de fases, os investigadores propuseram que os esforços de gestão de crises

---

[6] As definições das três fases e etapas de uma crise foram retiradas do seguinte artigo: Roux-Dufort, C., Metais, E., (1999) "Building Core Competencies in Crisis Management Through Organizational Learning", *Technological Forecasting and Social Change, pp.113-127*

fossem estruturados de acordo com a evolução dessas fases. Identificaram três fases: Prevenção - Preparação e Reação. "*A prevenção* consiste em reduzir ao mínimo os fenómenos que anunciam o aparecimento de uma crise numa organização"[7].

Quanto à fase de *Preparação,* consiste na implementação de medidas de emergência e de contingência destinadas a minimizar, o mais cedo possível, o impacto de uma crise, caso esta venha a ocorrer.

Por último, a *Reação* consiste em dar a resposta correcta que assenta essencialmente na minimização dos danos e no rápido recomeço das operações. Para realizar este processo, as organizações devem admitir a possibilidade de uma crise e localizar as suas fontes para poderem lidar com os seus diferentes aspectos. Reunindo toda esta informação, podemos concluir que uma organização deve desenvolver as suas competências sobre as crises e a sua ocorrência.

A próxima secção abordará os princípios e processos fundamentais da gestão de crises. Estes princípios ajudar-nos-ão a integrar as literaturas de gestão estratégica e de gestão de crises, a fim de sugerir alternativas estratégicas que permitam às organizações gerir as crises com êxito.

## 2 PRINCÍPIOS E PROCESSOS DE GESTÃO DE CRISES

## 2.1 Definição de "gestão de crises"

As crises surgem devido ao facto de a gestão não considerar plenamente todos os cenários de catástrofe possíveis que uma organização enfrenta. Reid (2001) descreveu em pormenor a gestão de crises e afirmou que: "A gestão de crises envolve o planeamento, a organização, a liderança e o controlo de activos e actividades no período crítico imediatamente antes, durante e depois de uma catástrofe real iminente, para reduzir a perda de recursos essenciais à eventual recuperação total da organização". Para Wilson (1992), a gestão de crises é definida como um processo sistemático que leva uma organização a prever ou identificar uma crise que pode ocorrer, tomar precauções e minimizar os seus efeitos.

A gestão de crises diz respeito às tentativas de identificar e prever áreas de crises potenciais, ao desenvolvimento de acções e medidas destinadas a evitar que as crises ocorram ou que um incidente evolua para uma crise e à minimização dos efeitos de uma crise que não possa ser evitada (Wilson, 1992).

No entanto, Pauchant e Mitroff (1992) consideraram a gestão de crises como "estratégica"[8] por natureza. Para estes académicos, a crise e a estratégia partilham várias características: um enfoque nas relações ambientais - o envolvimento da gestão de topo - uma preocupação com toda a

---

[7] Pauchant, T., Mitroff, LI. (1992) / kovoor-Misra, S. (1995) / Pauchant, T., e Morin, E. (1996)

[8] Preble, J.F., (1997)"Integrating the Crisis Management Perspective into the Strategic Management Process", *Journal of Management studies, Vol.34, No. 5*

organização - e uma representação de processos emergentes. Historicamente, ambos os campos desenvolveram modelos que incluem aspectos de formulação e implementação nos seus processos. Além disso, a gestão de crises e a estratégia preocupam-se sobretudo com a sobrevivência e o bem-estar a longo prazo da organização e das componentes por ela afectadas.

Tal como na literatura de gestão de emergências, a gestão de crises tem a ver completamente com decisões e acções tácticas na fase máxima do período de emergência de um desastre (Drabek e Hoetmer, 1991; Quarantelli, 1988).

A gestão de crises considera a participação da gestão de topo como uma condição necessária para responder à forma de organizar e minimizar as crises. Pauchant e Mitroff (1992) concluíram que o aparecimento de crises, o grau de preparação para a gestão de crises e a eficácia dos esforços de gestão de crises são influenciados em grande medida pelos pressupostos básicos e pelas actividades da gestão de topo.

Health (1998) acreditava que eram necessárias estratégias de gestão de crises eficazes e bem planeadas para evitar o caos externo associado a incidentes de crise, não só entre organizações, mas também em diferentes sectores industriais (Turismo...).

É necessário que os investigadores ultrapassem os modelos que podem fornecer listas de verificação ou informações sobre "o que" os gestores devem fazer antes, durante ou depois da crise, para modelos descritivos que desenvolvam ou testem modelos, conceitos e teorias relacionados com a gestão de crises (como mostra o quadro 2).

| Discipline and Sub-Fields | Theories and Concepts |
|---|---|
| Business management (including strategic management and business failure) | Organizational culture and its contribution to (in)effective crisis management in the tourism industry |
| Public relations and communication/information management | Communication theory and the use of communication to control crises between internal and external stakeholders in the tourism industry |
| Geography and natural hazards management | Leadership styles and their contribution to (in)effective crisis management in the tourism industry |
| Environment Management | Organizational learning from crises in the tourism industry |
| Planning (including integrated emergency planning and risk management) | Stakeholder collaboration and planning in crises associated with the tourism industry |
| Political science (including political instability, security and crisis management) | |

**Quadro 2: Disciplina de investigação potencial, teorias e conceitos para a gestão de crises Fonte: Ritchie, (2004)**

Esta definição geral de gestão de crises dá uma ideia geral da natureza deste conceito. Para compreender como a GC pode ajudar as organizações a gerir eficazmente as crises, temos de explorar os princípios e processos fundamentais da GC.

## 2.2 Processos de gestão de crises

Embora a gestão de crises esteja a ser cada vez mais reconhecida como um domínio estabelecido, a sua prática e desenvolvimento teórico ainda estão em fase de formação, com apenas 50% das grandes empresas dos Estados Unidos a terem algum nível de programa de gestão de crises (Fink, 1986; Mitroff et al., 1988; Preble, 1997). Embora tenha sido efectuada alguma investigação sobre gestão de crises nas décadas de 1960 e 1970, uma pesquisa informática utilizando a chave "gestão de crises" revelou que 80% das publicações sobre gestão de crises surgiram depois de 1985 (Pauchant, 1988)[9] . Uma pesquisa informática semelhante foi efectuada por Preble em 1995, utilizando a base de dados "ABI-Inform", que incluía 450 artigos publicados nos últimos dez anos. Quanto às dissertações que trataram de algum aspeto da gestão de crises, foram totalizadas 62 para o período de janeiro de 1988 a setembro de 1995, utilizando a base de dados de resumos de dissertações "ProQuest".

Este fluxo crescente de investigação produz bases teóricas e empíricas para a compreensão da gestão de crises e dos seus processos. Especificamente, a gestão de crises é definida como um "processo sistémico" que conduz ao controlo, à tomada de precauções em relação a crises que uma organização possa encontrar (Preble, J.F., 1997). O processo, que se designa por planeamento de contingência, prossegue através das seguintes etapas.

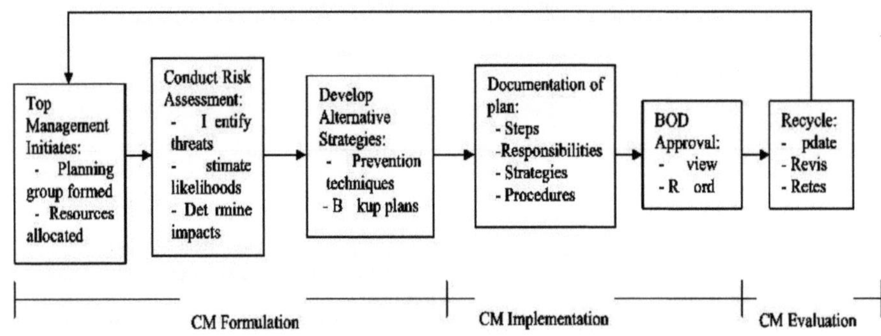


**Figura 1: Um modelo normativo do processo de gestão de crises Fonte: Preble, J. F., (1997)**

*(1) A gestão de topo inicia o* plano *de emergência* - Nesta parte, o papel da gestão de topo e do conselho de administração (CBO) é iniciar, supervisionar e controlar o plano. O seu trabalho começa com a distribuição de várias funções a diversos grupos de gestão para levar a cabo a tarefa de formular e implementar o plano de crise.

*(2) Avaliação dos riscos* - consiste em identificar potenciais ameaças e prioridades em termos de

---

probabilidade de ocorrência (Turner, 1994)

*(3) Desenvolver estratégias alternativas* - Devem ser desenvolvidas estratégias para evitar que as ameaças se tornem realidade e para estar preparado para aquelas que não podem ser eliminadas. Isto pode ser feito através de "Técnicas de Prevenção Processual" (cópias de segurança de dados e software, desenvolvimento de procedimentos de emergência...) e/ou "Técnicas de Prevenção Física" (proteção e duplicação de registos vitais, salvaguardas da estabilidade da alimentação eléctrica...)

*(4) Documentação do plano* - Um plano escrito que inclua estratégias, procedimentos e realizações individuais esclarecerá melhor os empregados e a direção sobre as suas responsabilidades durante uma crise.

*(5) Aprovação do Conselho de Administração (CBO)* - O plano de emergência e o resultado do teste devem ser analisados pela direção e pelo CBO.

*(6) Testes* - Todas as organizações devem testar o plano de contingência através de uma "crise simulada", o que permitirá aos indivíduos ensaiar as suas responsabilidades, bem como melhorar o plano, caso seja necessário ajustá-lo.

## 2.3   Gestão de crises: Considerações estratégicas

Já foram propostas várias definições de "O que é uma crise", a literatura indica que as decisões relacionadas com as crises são diferenciadas das decisões estratégicas mais rotineiras (Burnett, J.J., 1998).

É essencial que todas as respostas às crises sejam orientadas por considerações estratégicas. Tal como o anel exterior da figura (2) indica, quatro características de uma crise constituem uma excelente base para classificar problemas estratégicos e inibem o processo de gestão estratégica para identificar os desafios únicos que as crises colocam aos gestores:

-Pressão do tempo: ao contrário dos planos normais, que podem ser actualizados ao longo de um ou dois anos, as crises exigem frequentemente uma ação imediata/restrições de tempo

-Questões de controlo : condições que determinam o grau de controlo da organização sobre o seu ambiente, bem como a sua fraqueza face a crises

-Opção de resposta: estabelecimento de uma estrutura organizacional para a gestão de crises e que sugere um padrão de resposta tanto a nível individual como organizacional

-Restrições e preocupações com o nível de ameaça: um mecanismo para avaliar o sucesso das soluções

Podemos sugerir que a gestão de crises se confronta ativamente com as seis tarefas principais identificadas como fazendo parte da gestão estratégica: Formulação de objectivos - Análise ambiental - Formulação de estratégias - Avaliação de estratégias - Implementação de estratégias e Controlo estratégico.

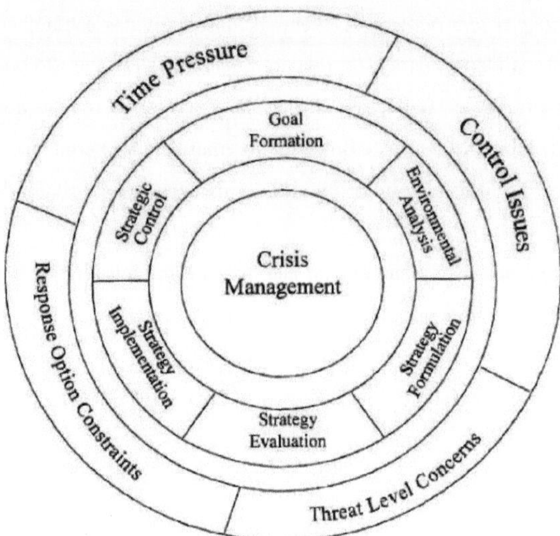


**Figura 2: Gestão de crises - considerações estratégicas**

**Fonte: Burnett, (1998)**

No entanto, a gestão de crises exige que sejam tomadas medidas estratégicas em primeiro lugar para evitar desenvolvimentos indesejáveis e para obter uma resolução desejável dos problemas, mesmo que a gestão de crises represente uma questão estratégica que parece ser uma das mais difíceis de resolver devido aos elementos acima referidos (pressão do tempo - controlo limitado...).

No próximo capítulo, destacaremos mais a importância da forma como as ideias de gestão de crises integradas no Processo de Gestão Estratégica podem ter um impacto direto na capacidade de uma organização para lidar com uma crise estratégica, especialmente no sector do turismo e das viagens.

**CAPÍTULO 2**

*Gestão estratégica de crises: Objectivos, teoria e estudos de caso*

## 1 UMA ABORDAGEM ESTRATÉGICA DA GESTÃO DE CRISES

## 1.1 Objectivos da investigação

O nosso objetivo é lançar luz sobre as novas abordagens relativas à "Gestão de Crises". No primeiro capítulo, apresentamos teorias, conceitos e implicações gerenciais para compreender o termo gestão de crises que tem sido definido como um "processo sistemático" que leva uma organização a prever ou identificar uma crise que uma organização pode ocorrer, tomar precauções e minimizar seus efeitos sobre a organização.

O nosso principal objetivo ao escolher este tipo de investigação é fornecer uma abordagem holística para estabilizar uma crise e salientar que todas as organizações devem conceber e implementar estratégias eficazes para lidar com o caos e a mudança.

Assim, a nossa principal hipótese consiste em demonstrar que as organizações modernas devem integrar o conceito de crise na sua estratégia global, porque concordamos que a capacidade de gerir situações de crise pode ser analisada como uma vantagem estratégica. Sugerimos que a gestão de crises é uma parte crucial da gestão estratégica contemporânea, uma vez que garantirá a estabilidade e a viabilidade de uma organização.

As organizações que enfrentam condições de mercado incertas, mutáveis e ambíguas têm de ser capazes de aprender. Quanto à investigação de Edmondson, "A aprendizagem organizacional é uma fonte de vantagem competitiva"[10] . Por conseguinte, podemos sugerir que muitos teóricos da aprendizagem organizacional e do desenvolvimento organizacional estão a prestar cada vez mais atenção a disciplinas técnicas como a gestão estratégica.

Aprender com as experiências envolve a revisão de um período difícil de um ponto de vista útil, o que leva a retirar lições essenciais da forma como o evento foi tratado pelos principais actores envolvidos. Por outras palavras, é uma oportunidade para o grupo progredir e estar preparado para um acontecimento inesperado.

Como Porter (1980) explicou, o desempenho superior pode ser alcançado através de características estruturais dos sectores, como as barreiras à entrada. Nesta perspetiva, as características do sector explicam grande parte da variação do desempenho da empresa e a análise do sector é o meio através do qual os gestores podem tentar melhorar a vantagem competitiva da sua empresa. Por outras palavras, muitas organizações conseguem atingir níveis elevados de desempenho através de processos de aprendizagem que as levam a estar preparadas e a enfrentar situações inesperadas e potencialmente

---

[10] Edmondson, A.C., e Cannon, M.D., (2005)

muito desestabilizadoras.

Uma perspetiva paralela propõe que os recursos e as competências específicos da empresa são factores críticos que permitem às empresas obter um desempenho superior no mercado. Esta perspetiva remonta a Penrose (1959), que descreveu a empresa como um "coletivo de recursos produtivos". Mais recentemente, Wemerfelt (1984) e Barney (1991) propuseram que a análise das competências e capacidades de uma empresa tem um valor estratégico superior ao da análise do seu ambiente competitivo. Como salienta Nanda (1996), a perspetiva dos recursos considera as empresas como organizações que aprendem e que melhoram as suas capacidades através da experiência. Em termos estratégicos, uma capacidade pode ser uma fonte de vantagem ou simplesmente uma caraterística da organização que a possui, dependendo do facto de essa capacidade ser valorizada no mercado em que a organização compete. Pfeffer (1994) defende que a gestão eficaz das pessoas - incluindo o desenvolvimento e a capacitação das pessoas, a partilha de informações, a criação de equipas autogeridas, a formação e a formação cruzada das pessoas - é um fator determinante da vantagem competitiva mais importante do que a análise e a estrutura do sector.

Em suma, a aprendizagem organizacional foi definida como a capacidade de uma organização se adaptar ao seu ambiente. O importante não é construir uma capacidade, mas sim identificá-la e utilizá-la estrategicamente para obter vantagens competitivas.

Para atingir o nosso objetivo -" Como é que os princípios da Gestão de Crises se aplicam à condução de uma organização através de uma crise estratégica?"-, baseámos a nossa investigação no posicionamento da Visão Baseada em Recursos (RBV) relativamente à Gestão Estratégica de Crises porque, na nossa opinião, as crises, apesar do seu efeito negativo e destrutivo, são também oportunidades únicas para aprender e mudar a forma como as organizações estão a lidar com um desastre quando este ocorre. Esta conceção precisa de ser articulada com uma visão da gestão estratégica que se concentra na capacidade de aprendizagem das empresas como uma fonte de vantagem competitiva.

## 1.2  Uma abordagem baseada em recursos

Na última década, a visão da empresa baseada nos recursos (RBV) ganhou uma atenção muito importante no domínio da gestão estratégica, bem como na economia, na teoria das organizações... A VBR foi estabelecida como base de argumentação na literatura por Wemerfelt (1984), que sugere que o sucesso de uma empresa é amplamente determinado pelos recursos que possui e controla.

Se tivermos de definir com precisão o significado do termo "Recursos", este pode ser definido como activos - que podem ser tangíveis ou intangíveis, são detidos e controlados pela empresa - ou capacidades - que são factores intangíveis que permitem às empresas escolher, desenvolver, implementar e realizar estratégias de mercado bem sucedidas.

Como podemos observar, se os recursos das empresas possuírem certas características especiais, tais como valiosas, raras e inimitáveis, neste caso podem ser um fator muito importante de vantagem competitiva sustentável e do desempenho da empresa. Este valor dos recursos deve ser determinado por modelos do ambiente competitivo em que uma empresa compete. De facto, podem existir diferentes configurações de recursos que poderiam gerar o mesmo valor para as empresas e, portanto, não seriam fontes de vantagem competitiva. Por esta razão, podemos sugerir que não é a raridade ou o valor de um recurso que gera vantagem competitiva, mas sim o valor relativo de diferentes recursos e capacidades para reconhecer o potencial problema da "Equifinalidade" que foi descrito nas seguintes observações de Barney:

*Dois recursos valiosos da empresa são estrategicamente equivalentes quando podem ser explorados separadamente para implementar as mesmas estratégias* **(Barney, p. Ill, 1991)**

Em suma, podemos sugerir que, mesmo que um recurso seja valioso, raro e dispendioso de imitar, mas que, para além disso, tenha substitutos estrategicamente equivalentes que sejam, eles próprios, raros ou dispendiosos de imitar, então não pode ser uma fonte de vantagem competitiva sustentada. Também podemos argumentar que as empresas obtêm vantagens competitivas sustentadas através da implementação de estratégias que exploram os seus pontos fortes internos, respondendo às oportunidades ambientais, mas neutralizando as ameaças externas e evitando as fraquezas internas.

Existem pelo menos duas formas de definir a vantagem competitiva a nível da empresa. Em primeiro lugar, Barney, num artigo de 1991, sugeriu que "a vantagem competitiva de uma empresa pode ser definida em relação às acções de outras empresas - concorrentes actuais ou potenciais", o que significa que existe uma vantagem competitiva numa empresa quando as suas actividades conduzem a um aumento da sua eficácia ou eficiência em oposição a outras empresas que não o fazem. Em segundo lugar, a vantagem competitiva de uma empresa pode ser definida "no que respeita às expectativas de rendibilidade dos proprietários dessa empresa". Nesta abordagem, as empresas que geram retornos mais elevados do que os esperados pelos accionistas têm uma vantagem competitiva e esta definição é frequentemente conhecida como "Renda Económica" (Barney, 1986).

Na nossa opinião, as crises são efeitos negativos e destrutivos e oportunidades únicas para as organizações aprenderem como devem lidar com esses acontecimentos imprevisíveis. Esta conceção deve ser articulada com uma visão da gestão estratégica que se centra na capacidade de aprendizagem das empresas como fonte de vantagem competitiva.

## 1.2.1 O Paradoxo Crise-Aprendizagem

"Paradoxalmente, as crises podem por vezes estar na origem de uma vantagem competitiva se estiverem associadas a um processo de aprendizagem organizacional adequado" (Roux-Dufort, C., Metais, E., 1999). Esta contribuição tenta descrever e explicar a forma como as empresas modificam, criam ou acumulam conhecimentos e transformam a sua aprendizagem organizacional para melhorar as suas competências. No caso de não existir uma vantagem permanente - que é "a capacidade de uma empresa para obter um recurso depende de condições históricas únicas, causalmente ambíguas e socialmente complexas" (Barney, 1991) -, a melhor forma realista de enfrentar a perturbação radical associada às crises é através da vantagem competitiva como "Aprendizagem" que permite a uma empresa capitalizar nestas crises. Assim, podemos sugerir que a aprendizagem organizacional pode ser um fator fundamental na gestão de situações de crise, com o qual a organização pode ser capaz de integrar, explorar e enfrentar situações invulgares e instáveis. Deste ponto de vista, as crises não constituem apenas um risco de desestabilização, mas uma fonte potencial de melhoria.

Como explicámos anteriormente, a crise pode estar na origem de uma vantagem competitiva que permitirá às empresas estabilizar as situações imprevisíveis através do "Processo de Aprendizagem Organizacional". Por conseguinte, podemos encarar a gestão de crises como um processo circular e contínuo, o que significa que o processo de aprendizagem organizacional retirado de experiências de crises passadas ajuda a desenvolver novas estratégias que permitem às empresas lidar com crises futuras e assim por diante. Com este resultado, parece que, com base no ponto de vista da VBR, podemos argumentar que a gestão de crises pode ser considerada como um processo interativo em que as empresas se inspiram no passado para prevenir a incerteza futura. Neste contexto, a crise proporciona um ângulo interessante para estudar as mudanças e a aprendizagem na organização. Esta perspetiva obriga-nos a considerar a crise como uma experiência positiva e não negativa.

Alguns autores referem que as organizações estão muito pouco dispostas a aprender com as crises e mesmo a considerá-las como oportunidades de aprendizagem, devido à forma como as crises se manifestam, assumindo formas e características variadas que podem inibir o processo de aprendizagem. Produzem inflexibilidade cognitiva, medos e ansiedade devido ao súbito colapso dos quadros de referência organizacionais e das práticas de produção de sentido. Isto pode obviamente impedir os gestores de aprenderem alguma coisa com as crises. Vejamos o exemplo do Herald of Free Enterprise (HFE)[11] , um dos maiores ferries da P&O Ltd. Em 27 de março de 1987, poucos momentos depois de ter deixado o porto de Zeebrugge (Bélgica) a caminho de Dover (Inglaterra), capotou num minuto. Este acidente transformou-se rapidamente numa grande crise, causando a morte de 273 vítimas. Na altura, foi considerado um dos maiores naufrágios de ferries do mundo. Infelizmente, este triste registo foi ultrapassado sete anos mais tarde. O naufrágio do ferry Estonia, em setembro de 1994, no Mar Báltico, entre a Estónia e a Suécia, causou 800 mortos e ainda hoje se suspeita que tenha tido causas semelhantes às do naufrágio do HFE. O que é que a empresa e os intervenientes na crise aprenderam com esta crise? Após o naufrágio, a HFE reforçou o que sempre

---

[11] Roux-Dufort, C., (2000) "Why Organizations Don't Learn from Crises: The Perverse Power of Normalization", *Review of business, pp.25-30*

soube sobre segurança e gestão de crises. É a isto que chamamos um processo de aprendizagem zero[12]
.

Estes efeitos negativos inesperados das crises no processo de aprendizagem organizacional devem-se à incapacidade das empresas de adoptarem uma abordagem estratégica da gestão de crises. Como as empresas não estão bem preparadas para gerir e aprender com as crises, são incapazes de reter informações úteis e importantes das suas experiências passadas (como as crises). Precisamente, o nosso trabalho tem como objetivo mostrar que a gestão estratégica de crises permite às empresas serem unidades de aprendizagem que tiram lições das suas más experiências. A partir daí, as crises nunca serão um processo de aprendizagem zero.

## 1.3 O processo de gestão estratégica

O domínio da gestão estratégica tem vindo a desenvolver-se nos últimos 25 anos, tornando-se uma subdisciplina bastante distinta nos estudos de gestão (Hofer e Schendel, 1978; Shrivastava, 1987). No entanto, a gestão estratégica ainda está a evoluir como um campo e, consequentemente, existe um certo grau de heterogeneidade entre os seus membros, tais como definições, escolas de pensamento... é descrito na seguinte observação de Preble:

*Embora Mintzberg esteja preocupado com o facto de não serem envidados esforços suficientes para encontrar e ungir as estratégias que estão a emergir na organização, considera o planeamento estratégico como um dispositivo útil para programar as estratégias pretendidas, assegurando que são comunicadas claramente e utilizadas como um meio de controlo* **(Preble, J., 1997)**

Porter (1979) definiu que o objetivo do processo de gestão estratégica é conceber estratégias que permitam à empresa encontrar uma posição no ambiente industrial enfrentado pela organização e ir além das percepções actuais da situação industrial para distinguir a empresa no futuro. Mais concretamente, a gestão estratégica incide geralmente em quatro elementos principais[13] :

> Análise estratégica - examinar o ambiente operacional micro ou macro

> Direção e Escolha Estratégica - desenvolver e selecionar direcções e estratégias genéricas específicas para atingir os objectivos organizacionais

> Implementação e controlo da estratégia - desenvolvimento de estruturas organizacionais adequadas, estratégias de recursos humanos e financeiros, liderança para controlar e permitir a implementação de estratégias específicas

> Avaliação estratégica e feedback - a melhoria contínua é uma parte importante do planeamento

---

[12] Roux-Dufort, C., (1998) "Apprendre des Crises. Entre Statu Quo et Transformation", *Sciences de la Societe, Vol. 44, pp.165-182*
[13] Ritchie, B.W., (2004) "Chaos, Crises and Disaster: A Strategic Approach to Crisis Management in the Tourism Industry", *Tourism Management, Vol.25, pp.669-683*

e gestão estratégicos e as organizações aprendem a melhorar a eficácia das estratégias através da avaliação e monitorização.

Gintner et al. (1985) argumentaram que os quatro elementos de gestão estratégica podem ser colocados ao longo de um processo que é considerado uma representação exacta das percepções dos planeadores estratégicos sobre a prática contemporânea. O modelo apresentado na figura (3) descreve três fases principais da gestão estratégica de incidentes, referindo que essas estratégias específicas terão de ser desenvolvidas para lidar com uma crise em evolução à medida que esta progride no seu ciclo de vida.

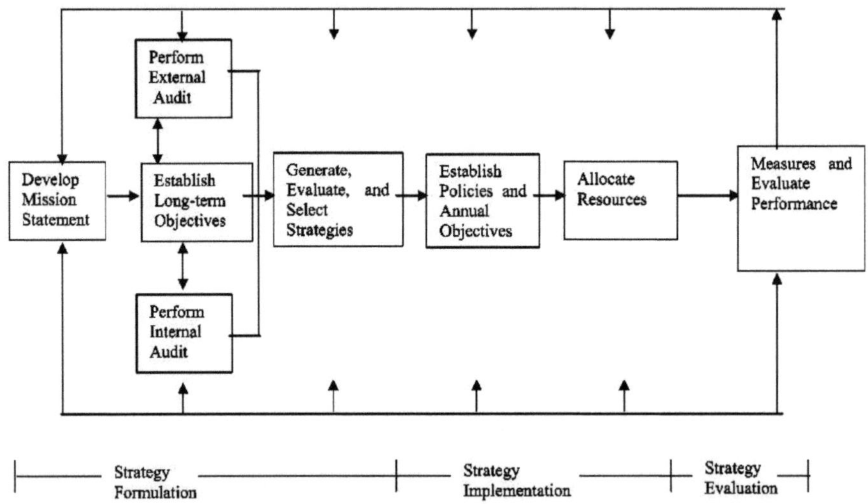


**Figura 3: Um modelo de processo de gestão estratégica**

**Fonte: Preble, (1997)**

- Formulação da estratégia - Mintzberg (1978) argumentou que esta fase inclui o desenvolvimento de uma missão, uma declaração de visão e a especificação de objectivos a longo prazo. Também se preocupa em determinar a direção futura da empresa, introduzindo a análise S.W.O.T. para estudar a auditoria externa (oportunidades externas) e uma auditoria interna de uma organização (forças e fraquezas).

- Implementação da estratégia - Vários investigadores, nomeadamente Nutt (1986), sugerem que a implementação da estratégia envolve a modificação das estruturas e processos organizacionais para garantir que os resultados planeados, tais como as estratégias e os objectivos a longo prazo, sejam alcançados. No entanto, a fase de implementação pode ser complexa, pelo que requer flexibilidade, monitorização constante relativamente a[14] :

---

[14] Ritchie, B.W., (2004) "Chaos, Crises and Disaster: A Strategic Approach to Crisis Management in the Tourism Industry", *Tourism Management, Vol.25, pp.669-683*

> A evolução, seleção e aplicação de estratégias adequadas

> Implementação de uma estratégia eficaz de comunicação e controlo de crises

> Controlo ou reafectação de recursos para lidar eficazmente com esses incidentes

> Identificar e trabalhar em colaboração com as principais partes interessadas.

Por conseguinte, são necessárias reuniões regulares para avaliar a eficácia das estratégias, a resposta das várias partes interessadas às estratégias e para analisar o desenvolvimento da crise à medida que esta evolui ao longo do seu ciclo de vida.

Como conveniência teórica, Barney argumentou que, quando uma empresa compreende como utilizar os seus recursos para implementar estratégias que podem ser fontes de vantagem estratégica sustentada, a implementação segue-se quase automaticamente. De facto, existem duas abordagens para tratar as questões da implementação da estratégia no contexto da teoria baseada nos recursos. Em primeiro lugar, é a capacidade de implementar estratégias que é, por si só, um recurso que pode ser uma fonte de vantagem estratégica sustentada e, em segundo lugar, a implementação depende de factores que não são fontes de vantagem sustentada, mas que são complementos de outros recursos valiosos e raros controlados por uma empresa.

* Avaliação e controlo da estratégia - Inclui a revisão e o feedback do desempenho para determinar se as estratégias e os objectivos planeados estão a ser alcançados, sendo a informação resultante utilizada para resolver problemas e tomar medidas correctivas (Daft e Macintosh, 1984). Quanto ao processo de controlo estratégico, foi sugerido um repertório de gestão de crises incorporado como um mecanismo adequado para uma organização reconsiderar a estratégia básica da empresa com base num acontecimento súbito e inesperado.

Em resumo, a gestão de crises exige sensibilidade e consciência de todos os membros da equipa de gestão. A *identificação* de uma crise é muito importante e exige a realização de tarefas de análise ambiental e de formulação de objectivos. A gestão *confronta-se* ativamente *com* a crise ao formular e avaliar as suas opções estratégicas. Finalmente, a tarefa de implementação da estratégia exige que a organização se *reconfigure* através da afetação de recursos-chave. Esta visão do processo de gestão estratégica - identificação, confrontação e reconfiguração - é exacerbada durante uma crise por pressões de tempo, questões de controlo, preocupações com o nível de ameaça e restrições de opções de resposta (mostradas acima).

No entanto, todas as fases do processo de gestão estratégica precisam de ser flexíveis para potenciais modificações no desenvolvimento e implementação da estratégia, dependendo da natureza da crise. Os gestores que tomam estas medidas estarão em muito melhor posição para responder quando uma crise afecta uma organização, porque o processo de gestão estratégica resulta em estratégias que proporcionam uma ofensiva sólida no mercado competitivo, evitando que as empresas tomem medidas defensivas inadequadas.

# 1.4 A integração da gestão de crises (GC) e da gestão estratégica (GE)

Uma crise é um acontecimento que não pode ser reproduzido da mesma forma. Cada situação de crise é única. O objetivo da gestão de crises é a sobrevivência da empresa e da sua reputação a longo prazo, pelo que o elemento-chave da gestão de crises reside na questão da confiança. A chave para uma gestão eficaz das crises reside num processo de aprendizagem estruturado e contínuo para dotar os gestores de capacidades, flexibilidade e confiança para lidar com problemas/acontecimentos súbitos e inesperados. É por isso que algumas empresas consideram a formação de equipas, o planeamento e as capacidades de comunicação desenvolvidas durante a preparação para a gestão de crises como competências de gestão essenciais.

O objetivo da estratégia de gestão de crises é influenciar a evolução dos efeitos causados pelos acontecimentos negativos, com o objetivo de neutralizar os efeitos.

Na literatura, existem várias abordagens para as estratégias de gestão. Uma caraterística distintiva fundamental é a forma do comportamento de lidar com a crise. Quanto às formas de estratégia de gestão de crises, podem situar-se entre dois extremos: Ofensiva, orientada para a procura de uma solução - Defensiva, orientada para a resistência.

Em particular, vários académicos defenderam que a estratégia pode ser uma abordagem valiosa para gerir as crises. Por conseguinte, tentaram explorar os pontos em comum entre a gestão de crises e a gestão estratégica e concluíram que estão inexoravelmente ligadas entre si (Mitroff et al., 1992; Pauchant e Mitroff, 1992; Smith, 1992), porque estes dois processos estão essencialmente preocupados com a sobrevivência a longo prazo e o bem-estar da organização e dos seus constituintes. A integração do processo de gestão de crises e do processo de gestão estratégica pode dotar as organizações de uma capacidade defensiva para prevenir o desenvolvimento de crises ou minimizar os seus efeitos quando estas ocorrem. Além disso, tem-se argumentado que várias crises surgem devido a falhas anteriores no processo de gestão estratégica de uma organização (Shrivastava e Mitroff, 1987; Smith, 1992).

A gestão de crises e a gestão estratégica têm orientações e características comuns (Mitroff et al., 1992). Estas semelhanças podem ajudar a definir e apoiar a ligação entre estes dois domínios. Partilham as seis características seguintes: Um foco nas relações ambientais - Um conjunto complexo de partes interessadas - O envolvimento da gestão de topo - Uma preocupação com toda a organização - A expressão de um padrão consistente e uma representação de processos emergentes. Para além da semelhança fundamental que pode facilitar a integração da gestão de crises e do processo de gestão estratégica, é o facto de ambos os campos terem desenvolvido modelos que representam os aspectos de formulação e implementação no seu processo

Apesar das semelhanças/relação entre a gestão de crises e a gestão estratégica acima referidas, Pauchant e Mitroff (1992) argumentaram que a discussão da gestão de crises é rara no currículo básico das escolas de gestão. Wisenblat (1989) considerou estranho que, apesar de as crises ameaçarem tanto os objectivos estratégicos como os próprios alicerces de uma empresa, muitas empresas não incluam o planeamento como uma componente integral do seu planeamento empresarial. Do meu ponto de vista, talvez a razão para isso seja o facto de a gestão de crises e a gestão estratégica serem relativamente novas, como argumentou Preble:

*É claro que a situação atual pode ser atribuída, em parte, ao facto de a gestão estratégica e a gestão de crises serem campos relativamente novos e emergentes que possuem várias diferenças aparentes que, embora ofereçam áreas de oportunidade de integração, tendem a retardar os esforços de integração reais* **(Preble J.F., 1997)**

Podemos observar que a importância da integração da gestão de crises e do processo de gestão estratégica pode ajudar a superar as seguintes deficiências: Racionalizações prontas minimizam a necessidade de esforços sérios de gestão de crises - Uma visão de que o planeamento de contingência é uma salvaguarda adequada contra surpresas - A dificuldade de negar que as ameaças existem - e fornecerá ensaios cognitivos e emocionais para lidar com situações de crise[15] .

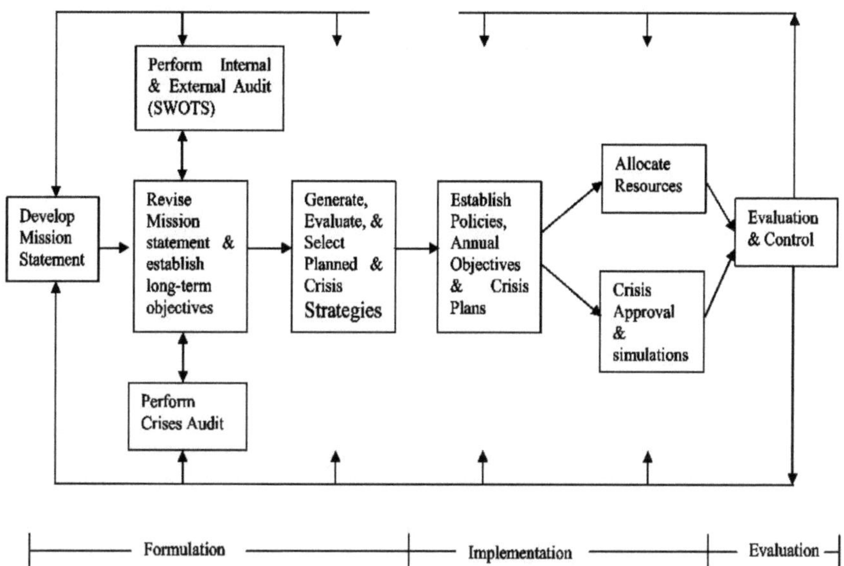


**Figura 4: Modelo do Processo de Gestão Estratégica Integrada Fonte: Preble, (1997)**

Como mostra a figura 4, a integração da SM e da CM não alterou as etapas do processo de SM. De facto, o quadro continua a delinear três fases principais na gestão estratégica de incidentes, mas a utilização desta abordagem ajuda a clarificar o novo modelo de processo e revela muitos dos

---

[15] Preble, J.F.,"Integrating the Crisis Management Perspective into the Strategic Management Process", *Journal of Management studies 34:5 setembro (1997)*

benefícios que se espera obter com o esforço de integração. Várias empresas que já fizeram da gestão de crises uma parte integrante do desenvolvimento da sua estratégia descobriram que estes esforços podem resultar em vantagens competitivas estratégicas (Pauchant et al., 1991).

O quadro seguinte permitir-nos-á compreender melhor as diferenças entre um processo de gestão estratégica normativa e um processo de gestão estratégica integrada.

| | Normative SM Process | Integrating SM Process |
|---|---|---|
| *Strategic Formulation* | ➢ Development of a mission statement<br>➢ Identifying S.W.O.T. analysis<br>➢ Focusing on positive aspects of producing a product | ➢ Development of a mission statement<br>➢ Identifying S.W.O.T. analysis<br>➢ Conducing a crisis history audit |
| *Strategic Implementation* | ➢ Involves the modification of organizational structure & processes to ensure strategies/long-term objectives<br>➢ Establishing annual goals & policies,<br>➢ Adjusting motivation & reward system<br>↓<br>➢ Allocation of resources | ➢ Reconsideration of company policies<br>➢ Formulating a detailed crisis plan & crisis plan documentation<br>➢ Setting up a CM teams<br>↓<br>➢ To seek the formal approval of the CM program<br>➢ Resource allocation for both: Competitive and Crisis Management Strategies |
| *Strategic Evaluation* | ➢ Reviewing & feedback of performance appraisal<br>➢ Solve problems or take corrective plans<br>➢ Considering a firm's basic strategy as an action plan taking into account unexpected events occurrence. | ➢ Solve problems, take corrective actions, refine strategies & reward performance<br>➢ Crisis readiness is continually determined through periodic simulations & frills |

**Quadro 3: Diferenciação entre o modelo de processo de SM normativo e integrador**

Para concluir, parece que uma caraterística fundamental que pode favorecer a integração da gestão de crises e do processo estratégico é o facto de ambos os campos terem desenvolvido modelos sofisticados que descrevem aspetos de formulação e implementação (como já discutimos posteriormente).

## 1.5 Implementação de políticas adequadas de Gestão Estratégica de Crises (GEC)

Como já foi referido, adoptamos uma perspetiva baseada nos recursos para identificar as capacidades organizacionais que ajudariam as empresas a sair da crise (Barney, 1991). Day (1994) sugere que existem duas capacidades desenvolvidas pela utilização de recursos que permitem às empresas gerir o seu ambiente e desempenho, que são a orientação para o mercado e a flexibilidade estratégica. Parece que a orientação para o mercado e a flexibilidade estratégica se complementam na sua eficácia para ajudar as empresas a gerir condições ambientais variáveis. A investigação sobre crises organizacionais mostra que as empresas que sobrevivem - em comparação com as empresas que fracassam - concentram-se tanto no ambiente interno como externo, o que é uma caraterística importante da orientação para o mercado e da flexibilidade estratégica. Sanchez (1995) argumentou que a flexibilidade estratégica apresenta a capacidade de responder prontamente às oportunidades de mercado e às mudanças tecnológicas. Ao constatar que o desenvolvimento de capacidades flexíveis depende da gestão de topo, ajuda as empresas a gerir a incerteza ambiental e tende a melhorar o seu desempenho. Nesta secção, revemos a literatura sobre (1) Orientação para o mercado (2) Flexibilidade estratégica e (3) Planeamento de crises e medidas organizacionais.

## 1.5.1 ORIENTAÇÃO PARA O MERCADO

A orientação para o mercado implica a entrega de produtos e serviços pelos consumidores e influencia o desempenho, o empenhamento e a motivação da organização. "Uma organização orientada para o mercado é aquela cujas acções são consistentes com o conceito de marketing" (Kohli e Jaworski, 1990, p.l). Seguindo o trabalho de Kohli e Jaworski, conceptualizamos a orientação para o mercado em termos destas actividades: Geração de informação, que capta a ênfase organizacional na recolha de informação sobre as necessidades actuais e futuras dos clientes - Disseminação de informação, que é o grau de partilha de informação entre departamentos - Conceção da resposta, que é a utilização da informação sobre o mercado no planeamento e na implementação. Vários estudiosos defendem que a orientação para o mercado é, de facto, um processo de aprendizagem em que as organizações aprendem com todos os aspectos do seu ambiente, incluindo clientes e concorrentes, e têm em consideração os objectivos organizacionais a curto e a longo prazo. Podemos acrescentar que a orientação para o mercado capta os benefícios da aprendizagem organizacional a partir do ambiente externo.

## 1.5.2 FLEXIBILIDADE ESTRATÉGICA

A flexibilidade estratégica representa a capacidade da organização para gerir crises, respondendo prontamente e de forma proactiva às ameaças e oportunidades do mercado, pelo que se espera que a flexibilidade estratégica aumente a eficácia das comunicações, dos planos e das estratégias.

As organizações podem ser flexíveis numa ou em ambas as áreas[16] : (1) Flexibilidade tática, mantendo a viabilidade de uma determinada orientação estratégica numa grande variedade de

---

[16] Cannon, A.R., e St John, C.H., (2004)

contingências ambientais conhecidas. A flexibilidade tática alarga a gama de estados ambientais em que uma determinada estratégia seria viável, o que significa a capacidade de minimizar os efeitos da incerteza ambiental nas actividades ou na estratégia actuais - (2) Flexibilidade estratégica, que permite reconfigurar substancialmente a estratégia quando os acontecimentos ambientais são tão exigentes. Abrange uma vasta gama de atributos organizacionais e reduz o custo e/ou o tempo exigido por um sistema para se adaptar a um novo ambiente competitivo, o que significa a capacidade de responder eficaz e eficientemente a condições ambientais substancialmente transformadas.

Em conclusão, a orientação para o mercado é útil para a gestão de crises, especialmente em condições de elevada incerteza da procura (a variabilidade das populações e preferências dos clientes), o que exige que as organizações adaptem os seus produtos às condições de procura em mudança ou de elevada incerteza tecnológica (tanto o ritmo como o grau de inovações e mudanças na tecnologia induzem incerteza tecnológica). Mas a flexibilidade estratégica é útil na gestão de ambientes com Elevada Intensidade Competitiva (o grau de concorrência que uma empresa enfrenta) exige que as empresas adoptem uma abordagem flexível para que possam adaptar-se e improvisar para dar o seu melhor e não é útil para ambientes com Elevada Incerteza da Procura ou Elevada Incerteza Tecnológica. Esta complementaridade é ainda reforçada pela constatação de que as capacidades de orientação para o mercado e de flexibilidade estratégica podem ser adoptadas simultaneamente.

Esta parte explica-nos a importância de desenvolver as competências de orientação para o mercado e de flexibilidade estratégica, reconhecendo a sua utilidade na gestão das diferentes facetas do ambiente.

### 1.5.3 PLANEAMENTO DE CRISES E MEDIDAS ORGANIZACIONAIS

O objetivo fundamental do planeamento é assegurar a existência da empresa, que está constantemente ameaçada pela incerteza dos acontecimentos futuros. Este tipo de planeamento permite que os acontecimentos negativos sejam tidos em consideração. Para tal, é utilizado um processo separado de planeamento e implementação, o chamado "Planeamento de crise". O objetivo do planeamento de crises é reduzir o elemento surpresa através de três medidas distritais[17] .

1. *Planeamento genérico:* o objetivo do planeamento genérico é determinar os requisitos e potenciais fundamentais. A parte fundamental do planeamento genérico é a determinação das responsabilidades e das autoridades que permitem assegurar que as decisões tomadas serão implementadas pelas pessoas responsáveis em circunstâncias normais. Com base nisto, o planeamento de emergência regula as etapas e responsabilidades concretas para cada aspeto. Um outro aspeto do planeamento genérico tem de lidar com a motivação

---

[17] Glaesser, D., (2003)

fundamental, porque lidar com uma crise, por um lado, é uma situação excecional, mas, por outro lado, lidar com ela com sucesso requer experiência e conhecimentos especializados. Em suma, o objetivo de um planeamento genérico é elaborar e avaliar diferentes opções, a fim de as manter disponíveis como planos de ação alternativos. Esta forma de planeamento é também conhecida como "Planeamento de Emergência".

2. *O "Planeamento de Contingência"* permite à empresa obter uma vantagem considerável que, essencialmente, a ajuda a estar mais segura das suas decisões em situações complexas e sob pressão. Por isso, é importante prestar muita atenção aos detalhes quando se trata de situações para as quais o tempo de reação é curto.

3. *Planeamento preventivo:* o quadro do planeamento preventivo é a formulação e a preparação de soluções reais possíveis para ultrapassar a situação de crise em curso. Além disso, é necessário verificar se os dados em que se basearam os planos actuais continuam a ser válidos, a fim de aumentar a segurança do planeamento e o êxito das acções futuras.

Para concluir, é importante refletir sobre o planeamento de crises e a preparação organizacional para o implementar eficazmente no momento certo. Em todos os casos, é essencial garantir que, uma vez desenvolvidos, os planos de crise sejam efetivamente traduzidos em acções e não ignorados quando ocorre uma crise.

O processo de gestão de crises acima descrito baseia-se em vários princípios que permitem às organizações gerir eficazmente as fases de pré e pós-crise. No parágrafo seguinte, serão explicados os principais conceitos e mecanismos que servem para a gestão pré e pós-crise.

## 1.6 Acções específicas para lidar com crises específicas: Gestão pré e pós-crise

### 1.6.1 CONCEITOS-CHAVE E MECANISMOS PARA A GESTÃO PRÉ E PÓS-CRISE

Uma crise não se anuncia necessariamente de forma clara antes de chegar. Como aconselha o estratega, ela não ataca de forma muito visível, mas parece desestabilizar a estratégia e os valores essenciais. Assim, a crise só se dá a conhecer quando vai ocorrer.

Por isso, as organizações precisam de se proteger de riscos inesperados para minimizar as hipóteses de queda. No caso de crises abruptas ou cumulativas (em ambos os casos), a prevenção - a preparação de uma organização através da elaboração de estratégias antes da ocorrência de uma crise - e a pós-crise - a resposta ou a preparação efectuada após uma crise ter abalado a organização - devem ser tomadas para evitar que as organizações caiam.

***Acções preventivas:*** Em caso de crise abrupta, um mecanismo adequado para a abortar consiste em desenvolver sistemas de auditoria para acontecimentos inesperados. Shrivastava e Mitroff (1987) sugerem que a crise pode ser reduzida identificando as fontes prováveis de crise através de auditorias regulares ligadas às organizações. Notando que, mesmo com o melhor programa de auditoria, podem ocorrer situações incontroláveis. Por isso, as organizações precisam de gerir as crises expostas através de um programa de gestão de crises que consiste em mais do que um simples arsenal, precisa de ser integrado na estratégia global para minimizar os danos resultantes de crises abruptas.

No caso das crises cumulativas, o melhor mecanismo para as prevenir é identificar os sinais precoces de desintegração e uma oportunidade atual de adaptação antes que a situação se torne grave (Pearson e Mitroff, 1993).

Algumas organizações têm a incapacidade de descobrir o verdadeiro local da crise porque os sinais podem ser ambíguos, fracos ou sujeitos a mal-entendidos. Ao concentrarem-se nas competências importantes e ao reduzirem as operações não essenciais, as redes proporcionam às organizações uma maior flexibilidade para gerir crises iminentes, o que lhes permitirá aumentar a discrição da gestão para se adaptarem à mudança.

***Em Gestão Pós-Crise:*** No caso das Crises Abruptas, as experiências são úteis como estratégias gerais que levam a organização a gerir as crises abruptas. Algumas organizações têm resultados importantes de crises abruptas. Vários estudiosos discutiram a fase pós-crise da crise como uma fase que aumenta as relações colaborativas de mecanismos integrativos dentro das organizações. Starbuck, Greve e Hedberg (1978) argumentaram que as soluções para as grandes crises mostram a necessidade de aumentar a ligação entre unidades dentro das organizações que anteriormente não estavam ligadas.

As crises cumulativas são susceptíveis de provocar transformações organizacionais fundamentais que ocorrerão frequentemente na maioria ou em todos os domínios das actividades organizacionais. Assim, antes que o desenvolvimento de cada fase da organização termine com uma crise de gestão, esta deve ser resolvida antes do seu crescimento. Por conseguinte, sugerimos que se proceda a um reposicionamento estratégico combinado com uma série de mudanças holísticas na estrutura, nos sistemas e nos processos.

Por outras palavras, SIM, todos estes acontecimentos imprevisíveis podem ser preparados através do desenvolvimento de um plano estratégico de crise e de programas que levarão uma organização a lidar e a enfrentar estas crises, tendo em conta que o plano estratégico de crise pode ser desenvolvido tanto a nível da empresa como a nível da unidade de negócio para reduzir a probabilidade de crises.

## 2 GESTÃO DE CRISES APLICADA AO SECTOR DO TURISMO

[st]O turismo é a principal atividade de lazer do século XXI. Cerca de 160 milhões de pessoas trabalham na indústria do turismo; o turismo gera 700 mil milhões de dólares americanos em receitas fiscais em todo o mundo e só na Europa existem 40.000 agências de viagens[18] . Mesmo assim, os números

---

[18] OMC/ONU, (2002). Recomendações sobre estatísticas do turismo

continuam a crescer e as perspectivas para o futuro são muito promissoras (Pizam e Mansfield, 1999). O turismo afigura-se como uma importante indústria de serviços, tanto pelo número de trabalhadores como pelos efeitos que tem no desenvolvimento social e económico das regiões e dos países. Representa, igualmente, uma das melhores oportunidades para gerar capital e emprego em todos os países.

A indústria do turismo é particularmente vulnerável aos impactos de crises naturais (os incêndios florestais de 2003 no nordeste de Victoria, na Austrália) e de crises provocadas pelo homem (Singapore Airlines 2000 - despenhou-se em 31 de outubro de 1997, tendo-se verificado mais tarde que o avião saiu demasiado cedo do caminho de circulação, virando para uma pista, que estava fechada no local onde embateu nas máquinas. Os erros dos pilotos foram rapidamente apontados como uma possível razão para o acidente, mas também foram levantadas dúvidas sobre as instalações do aeroporto e o controlo do tráfego aéreo).

À medida que o sector cresce, a necessidade de planeamento estratégico e de gestão de crises continua a ser premente (Cassedy, 1991).

As organizações que passam por crises têm o benefício da retrospetiva para aperfeiçoar as suas estratégias de gestão com o conhecimento adquirido a partir de experiências reais. Nestes casos, a necessidade de planeamento e preparação pode ser considerada como uma caraterística integrante do sistema turístico e deve ser tida em conta nas expectativas a longo prazo, mas muitas catástrofes continuam a ser atribuídas a acontecimentos naturais casuais que estão para além da capacidade de previsão de gestores razoáveis; mesmo assim, os impactos destes fenómenos podem ser moderados devido ao planeamento.

As crises no sector do turismo podem ser divididas em três fases (Smith, D., 1992a):

1. A primeira fase é aquela em que os inconvenientes da cultura e da comunicação organizacionais despertam os primeiros sintomas de uma crise até que um acontecimento desencadeador empurre a organização para a fase operacional.
2. A segunda fase é quando a organização passa para a fase operacional da crise. Aqui, a confusão e o nível de energia estão associados ao evento
3. A última fase é a da legitimação. Aqui, as organizações que não conseguem lidar com as crises correm o risco de passar para o endgame, ou seja, o desaparecimento da organização.

Tal como já foi referido, os eventos de crise trazem consigo um processo de legitimação em que a organização tem de recuperar a confiança do público, do governo e dos accionistas. Assim, os requisitos desta fase exigem que a gestão preste atenção aos elementos-chave da recuperação. É de notar que a gestão da recuperação pode ocorrer a nível estratégico ou operacional e pode ser defensiva ou ofensiva. Dentro desta matriz, podem ser identificados três grupos principais de formas de recuperação: Gerencial - Organizacional e financeira, e estes podem ser resumidos na tabela 4.

| Strategic<br>Defensive | Operational<br>Offensive | |
|---|---|---|
| Management | Organizational | Financial |
| • Replace the CEO<br>• Restructure<br>• Change product/Market focus<br>• Improve marketing<br>• Improve public relations | • Organizational change and decentralization<br>• Restructuring/realign the organization to its environment<br>• Realign corporate values<br>• Make changes in communications practices | • Impose strict financial control<br>• Achieve growth via acquisition<br>• Reduce cost structures<br>• Restructure debt provision<br>• Asset reduction<br>• Investment appraisal |

**Quadro 4: Formas de reviravolta**

**Fonte: Sipika, e Smith, (1993)**

Para lidar com sucesso com as exigências da crise, é necessário que a gestão considere a natureza do nível de preparação da organização para a crise. Por conseguinte, podemos ilustrar que, na primeira fase da crise, é importante fixar muitos dos parâmetros para garantir o êxito do processo de recuperação.

Consequentemente, a próxima secção permitir-nos-á compreender melhor como as organizações da indústria do turismo desenvolveram estratégias eficazes para enfrentar as crises. Estas questões são exploradas através de dois estudos de caso. O primeiro caso (caso da Lufthansa Airlines) fornece informações sobre como desenvolver estratégias preventivas de gestão de crises com base em crises anteriores e actuais no ambiente. O segundo (caso Thomas Cook) mostra como uma empresa conseguiu lidar com uma crise e desenvolver estratégias que lhe permitiram tornar-se uma empresa de dimensão mundial.

## 2.1 Aplicação no sistema de transporte aéreo

O sector das companhias aéreas exige elevados investimentos de capital e mão de obra. Com o pessoal das companhias aéreas fortemente sindicalizado, ambos os meios limitam a flexibilidade em caso de perturbações do mercado. Em períodos de baixa procura, as companhias aéreas são afectadas por custos fixos elevados. Assim, a flexibilidade é um instrumento importante para reduzir o risco. Uma das características do sector das companhias aéreas é a natureza sazonal da procura de tráfego, com máximos nos meses de verão e mínimos no inverno.

### 2.1.1 CASO 1 - COMPANHIA AÉREA LUFTHANSA[19]

A empresa foi fundada em 1926, em Berlim. Atualmente, a Lufthansa é a maior companhia aérea alemã. O nome *Lufthansa* deriva de *Luft* (a palavra alemã para "ar") e *Hansa* (a organização comercial hanseática que estava ativa no Norte da Europa durante a época medieval). A sede da Lufthansa é em

---

[19]h ttp://en.wikipedia.org/wiki/Lufthansa

Colónia e a sua base principal e principal centro de tráfego é o Aeroporto Internacional de Frankfurt. A Lufthansa foi o cliente de lançamento do avião Boeing 737 e o único comprador dos novos 737-100. Ao fazê-lo, a Lufthansa tornou-se o primeiro cliente estrangeiro a lançar um avião comercial da Boeing. Em 17 de maio de 2004, a Lufthansa tornou-se o cliente de lançamento do Connexion by Boeing, que permite aos passageiros aceder a uma ligação à Internet de alta velocidade.

A Lufthansa é um membro fundador da *Star Alliance,* a maior aliança de companhias aéreas do mundo. O Grupo Lufthansa opera mais de 400 aeronaves e emprega cerca de 100.000 pessoas em todo o mundo.

Para gerir eficazmente potenciais crises (de qualquer natureza), a Lufthansa previu vários cenários de crise em[20] :

1. Melhor cenário "Frost": Neste caso, a recuperação da crise deve ser resolvida durante 12 meses.

2. Cenário de base "inverno": A expetativa de que uma recuperação demoraria o dobro do tempo - 24 meses em vez de 12 meses

3. Pior cenário possível "Idade do Gelo": pressupõe que a trajetória de crescimento original não será seguida e que as companhias aéreas terão de se redimensionar permanentemente.

As companhias aéreas, como nenhum outro sector, já fizeram muito para se prepararem para a improvável eventualidade de um acidente aéreo. Quando a crise ocorre, o interesse de uma empresa é cumprir as suas promessas de qualidade e serviço, mesmo nessas situações.

Em caso de crise potencial, a Lufthansa diminuirá imediatamente a procura de viagens aéreas, reduzindo a capacidade em 20%[21] . No total, 43 aeronaves serão temporariamente retiradas de serviço. No entanto, através de uma coordenação global com os seus parceiros, a Lufthansa conseguirá reduzir a capacidade sem abandonar os mercados. Esperando uma recuperação ao fim de dois anos, de acordo com o cenário de Basileia, a Lufthansa adoptará uma abordagem diferente e renunciará a qualquer despedimento:

- Será aplicado um congelamento do recrutamento, das promoções e da rotação de funções e serão propostos aos trabalhadores contratos a tempo parcial, bem como licenças sem vencimento.

- Redução significativa de custos possível sem despedimentos ou redução de efectivos.

- Esta flexibilidade permitirá à Lufthansa reagir rapidamente a qualquer recuperação e aumentar a sua capacidade em conformidade.

- Para minimizar o fluxo de tesouraria da empresa, todos os investimentos e projectos serão congelados a curto prazo.

---

[20] Glaesser, D., (2003)
[21] Associação das Companhias Aéreas Europeias, (2000) *"European Airlines Traffic Result"*

Além disso, no caso do parceiro da Star Alliance[22] Lufthansa, a gestão de crises tem desempenhado um papel importante desde há muitos anos.

A Lufthansa define as responsabilidades e a estrutura organizacional no seu Plano de Ação e Resposta a Emergências (ERAP), que é preparado e atualizado sob a supervisão do Gestor do Planeamento da Gestão de Crises, um cargo permanente que, em caso de crise, se torna Chefe do Centro da Equipa de Assistência Especial.

Em caso de crise, é reunida a chamada Equipa de Gestão de Crise (CMT). A equipa é liderada por um gestor de alto nível que representa, a partir desse momento, o Conselho de Administração e é responsável pela gestão global de crises da empresa. As principais funções da Equipa de Gestão de Crise são a recolha de informações, a análise da situação e as decisões estratégicas.

Apesar disso, deve notar-se que a atribuição clara de responsabilidades é da maior importância. A natureza cíclica da atividade das companhias aéreas é bem conhecida e tem de ser gerida. No entanto, a gestão da crise atual não tem apenas como objetivo restabelecer o estado anterior à crise, mas também criar um ambiente empresarial mais saudável.

A Lufthansa reconheceu que a melhoria contínua tinha de ser integrada em toda a empresa, incluindo os processos e as atitudes em relação à produção. Assim, as expectativas dos clientes constituíram uma importante pressão para a evolução. Esta orientação para o cliente é uma parte crucial da estratégia empresarial da Lufthansa.

## 2.2 Estudos de crise no sector do turismo internacional

Apesar do elevado risco de crises naturais e provocadas pelo homem na indústria do turismo, poucas organizações turísticas - agências de viagens, hotéis - desenvolveram adequadamente estratégias de crise como parte essencial dos seus planos de negócios.

Em estudos sobre a preparação para crises na indústria do turismo nas empresas norte-americanas, alguns autores, como Drabek (1995), referiram que, embora houvesse um grau relativamente elevado de preparação para crises entre os executivos do turismo, este era limitado pelo carácter informal das estratégias utilizadas e pelo facto de estas abordarem apenas um tipo de perigo. Além disso, não tiveram suficientemente em conta a consideração de alguns erros de perceção sobre os efeitos das crises nas respostas planeadas.

Além disso, as empresas de maior dimensão, com gestores seniores mais profissionais e recursos de planeamento, tendiam a estar mais preparadas do que os muitos estabelecimentos mais pequenos. Burby e Wagner (1996) registaram um elevado grau de preparação entre os estabelecimentos hoteleiros de Nova Orleães, mas esta preparação foi comprometida por reservas semelhantes às

---

[22] Os parceiros da Star Alliance incluem: Lufthansa - Air Canada - Asian Airlines - South African Airways, etc...

levantadas por Drabek.

No início deste projeto, tivemos em conta que muitas crises não são previsíveis e que os seus efeitos perturbadores são geralmente inevitáveis. No entanto, através do desenvolvimento de uma estratégia de gestão de crises, muitos perigos potenciais podem ser totalmente evitados ou, pelo menos, os seus impactos podem ser minimizados. Por isso, exploramos a abordagem de Cassedy (1991), que enfatiza aspectos do processo de desenvolvimento de estratégias eficazes, e a abordagem de Drabek (1995), que se estrutura em torno da sequência de respostas necessárias para lidar com a emergência.

| *Cassedy (1991)* | *Drabek (1995)* |
|---|---|
| <ul><li>Selection of a Leader Team: a senior person with authority and able to command respect</li><li>Team Development: a permanent and integral feature of strategic planning; able to identify and analyze possible crises, develop contingency plans</li><li>Contingency Plan: including mechanism for activating the plan, possible crisis , objectives, worst-case scenario, trigger mechanism</li><li>Actions: action plan assignment of tasks, including gathering information and developing relationship with other agencies/ groups</li><li>Crisis Management Command Center: a specific location and facility with relevant communication and other resources for the crisis management team.</li></ul> | <ul><li>Warning</li><li>Confirmation</li><li>Mobilization</li><li>Customer Information</li><li>Customer Shelters</li><li>Employee concerns</li><li>Transportation</li><li>Employee Sheltering</li><li>Looting Protection</li><li>Re-entry Issues</li></ul> |

**Quadro 5: Ingredientes das estratégias para as crises no turismo**

**Fonte: Faulkner, (2001)**

Estas abordagens podem ser particularmente pertinentes no que respeita à preparação para crises a longo prazo de uma organização. É de esperar que os indivíduos e as comunidades que passaram por um determinado tipo de crise estejam mais bem equipados para responder a situações semelhantes no futuro, pelo menos na medida em que, com o benefício da observação, têm um melhor conhecimento, através de um processo de aprendizagem, dos impactos reais das crises e de como lidar com elas.

A gestão eficaz das crises é vital para a indústria do turismo, que é frequentemente afetada negativamente por factores externos políticos, económicos, sociais e tecnológicos, muitas vezes fora do controlo imediato da indústria.

Os conhecimentos derivados da análise geral das estratégias de gestão de crises nas secções anteriores foram combinados com uma análise específica das estratégias de crise no turismo para estabelecer um quadro estratégico para o planeamento e gestão de crises para organizações públicas ou privadas na indústria do turismo (cf. quadro 5).

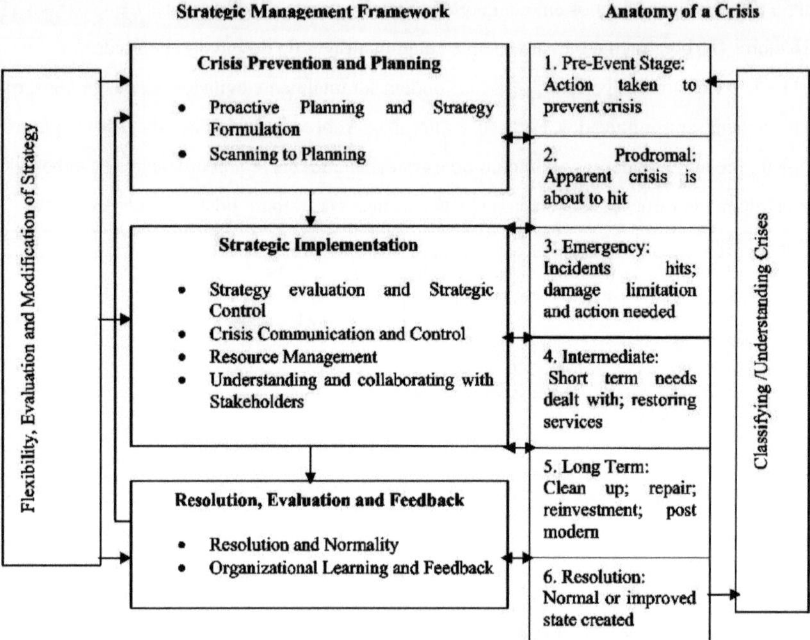


**Figura 5: Gestão de crises: Um quadro estratégico e holístico Fonte: Ritchie, (2004)**

Este modelo sugere que uma abordagem de gestão e planeamento estratégico para a gestão de crises pode ser benéfica para os planeadores e gestores do turismo, bem como delineou a importância de compreender as abordagens que levam a lidar com as crises na indústria do turismo, porque a indústria é altamente suscetível à mudança. Assim, a análise da natureza da crise pode fornecer informações sobre a forma como podem ser geridas.

Os princípios descritos abaixo podem ser conhecidos como "Pré-requisitos"[23] - que significa requisito ou condições - para um planeamento eficaz das estratégias de gestão de crises incluem

- *Abordagem coordenada da equipa:* O desenvolvimento e a implementação de uma estratégia de crise no sector do turismo requerem uma abordagem coordenada.

- *Consulta:* O planeamento de crises deve basear-se num processo consultivo contínuo e integrado com outras áreas de planeamento estratégico, como as estratégias de marketing turístico, o planeamento urbano e os planos económicos regionais mais amplos.

- *Compromisso:* Todas as partes interessadas devem estar envolvidas no plano de gestão de crises e todos os indivíduos que têm de tomar medidas devem ter conhecimento do mesmo.

---

[23] Faulkner, B., (2001)

## 2.2.1 Caso 2- Thomas Cook[24]

Thomas Cook foi a primeira agência de viagens a oferecer excursões. Em 5 de julho de 1841, Thomas Cook conseguiu que a companhia ferroviária cobrasse um xelim por pessoa, que incluía o bilhete de comboio e a alimentação para esta viagem de comboio. Em 4 de agosto de 1845, arranjou alojamento para um grupo que viajava de Leicester para Liverpool. Em 1846, levou 350 pessoas de Leicester numa viagem pela Escócia. No entanto, a sua falta de capacidade comercial leva-o à falência. Com base na sua experiência e gestão anteriores, formou uma parceria com o seu único filho, John Mason Cook, e mudou o nome da agência de viagens para *Thomas Cook and Son*. O seu filho forneceu a experiência comercial que permitiu a expansão da empresa. O seu modelo de negócio foi aperfeiçoado com a adoção de uma perspetiva de orientação para o mercado através da introdução do "cupão de hotel" em 1866. Foram emitidos aos viajantes cupões destacáveis num livro de talão. Estes cupões eram válidos para uma refeição num restaurante ou para uma dormida num hotel, exclusivamente em hotéis que constassem da lista de Cook.

Com base na sua experiência anterior e na sua formação em gestão, John Mason Cook instalou procedimentos normalizados de gestão de projectos. Isto garante consistência no fornecimento, fácil acesso à informação e respostas rápidas e consistentes às reservas dos clientes.

Thomas Cook considera que a aprendizagem, a orientação para o mercado e a reputação são a chave para novos negócios e para a repetição de negócios. Recorre ao seu capital social anterior, através das suas redes de negócios, e reformulou a marca da empresa colaborando com um concorrente de boa reputação. Acredita que os níveis de satisfação dos clientes ajudam a criar uma impressão positiva e a melhorar a reputação da empresa e o seu crescimento. Procura colaborar com clientes e fornecedores e encoraja relações abertas para estabelecer relações a longo prazo, medindo o sucesso através da quantidade de negócios repetidos. Atualmente, a sua rede inclui contactos com agências de viagens locais e um interesse representativo no sector do turismo que estabelece ou aconselha normas para o sector. Considera que a sua rede mais importante, em termos de informação e de oportunidades de negócio, são os contactos comerciais familiares desenvolvidos através da sua experiência de vendas. Esta estrutura de rede permite à Thomas Cook ser uma organização flexível, capaz de reagir rapidamente a qualquer potencial crise externa ou interna.

Por conseguinte, após a reestruturação da empresa e a sua entrada no sector dos cheques de viagem, a empresa voltou a prosperar. Recentemente, em 1992, a empresa foi vendida ao banco alemão West LB e a uma companhia aérea alemã, a Airline Charter CO. (Grupo LTU) e foi comprada pela American Express em 1996.

Em 1999, a Thomas Cook fundiu-se com o Carlson Leisure Group. Em meados de 2000, a Preussag

---

[24]h ttp://fr.wikipedia.org/wiki/Thomas_Cook

adquiriu a rival da Thomas Cook, a Thomson Travel, e foi forçada a vender a sua participação de 50% na Thomas Cook pelas autoridades reguladoras. Em 2002, a Thomas Cook foi adquirida pela empresa alemã C&N Touristic AG, que mais tarde mudou o seu nome para Thomas Cook AG. O grupo é propriedade conjunta da Lufthansa e da Karstadt.

Atualmente, a Thomas Cook segue o modelo de uma "empresa de viagens verticalmente integrada" que explora uma companhia aérea e também um operador turístico.

Em cada um dos estudos de caso, os directores obtiveram sucesso e acompanharam períodos de crescimento. Estas concepções são claramente influenciadas por dependências de percurso, tais como a aprendizagem com a experiência passada e os actuais sistemas de organização. Também é claro que a questão do contexto parece ser importante para facilitar a mudança e para dar validade a novas concepções de atividade. É igualmente interessante notar que os recursos de conhecimento utilizados nas duas empresas não diferem entre si. No primeiro caso, a Lufthansa Airline adopta uma VBR para criar um processo eficaz de gestão estratégica de crises. O estudo de caso da Thomas Cook procura estabelecer uma atividade organizacional baseada na aprendizagem formal e experimental, acumulada ao longo do tempo. Isto sugere que, embora as crises ocorram, a sua natureza e resolução dependerão do contexto, da experiência disponível incorporada nos sistemas organizacionais que sustentam a atividade atual e das relações que permitem o acesso a recursos alternativos de conhecimento através de redes empresariais ou sociais. Estes dois casos mostram a importância da aprendizagem, da flexibilidade e da orientação para o cliente como aspectos fundamentais de uma gestão estratégica e operacional de crises.

# CAPÍTULO 3

*Implicações para a gestão e perspectivas de investigação*

## 1 IMPLICAÇÕES PARA A GESTÃO E PERSPECTIVAS DE INVESTIGAÇÃO

## 1.1 Etapas a implementar

A implementação das etapas da crise sequencial deve ser aplicada em fases-chave através da acumulação de recursos e capacidades organizacionais - incluindo o conhecimento - que devem ser postos em funcionamento e reconfigurados de modo a criar novas estruturas e sistemas que permitam ultrapassar as crises em cada fase.

Penrose (1959) defende que as actividades produtivas dentro das organizações são desenvolvidas e coordenadas através de procedimentos administrativos postos em prática pela gestão. Por seu lado, Churchill e Lewis (1983) sugerem uma teoria semelhante à de Penrose: "reconhece-se que os recursos físicos, financeiros e humanos são necessários para o sucesso, mas deve ser dada mais atenção durante períodos específicos em que as saliências dos recursos mudam". O que Lichtenstein e Brush (2001) concluem é que, embora os sistemas e rotinas organizacionais sejam importantes para a mudança incremental, podem tornar-se redundantes durante períodos de ação transformadora, embora novas rotinas sejam seleccionadas e incorporadas ao longo do tempo. Embora esta conclusão seja semelhante à dos modelos anteriores, o que é diferente é o facto de Lichtenstein e Brush referirem especificamente a importância das relações e alianças comerciais que ajudam os proprietários-gestores a reforçar a sua empresa, proporcionando acesso a recursos limitados, incluindo competências, informações e conhecimentos que não existem na empresa. Assim, a "aprendizagem" situa-se nas actividades quotidianas em que os gestores estão envolvidos e nas relações específicas que definem o acesso a recursos de conhecimento importantes.

Assim, o principal papel dos gestores é conceber e estabelecer rotinas que permitam esta integração de conhecimentos. Consequentemente, as rotinas e as etapas não são apenas fontes potenciais de estabilidade organizacional, mas são também uma fonte potencial de adaptabilidade. Por conseguinte, podemos argumentar que as relações são, assim, um fator significativo no conhecimento que proporciona oportunidades para construir um quadro de entendimento partilhado. No entanto, os sistemas de comunicação são fundamentais para todas as relações. É através destes sistemas de significado que os gestores articulam os seus conhecimentos e tentam moldar ativamente os sistemas de gestão.

No entanto, não é apenas o conhecimento que é importante; é a aplicação do conhecimento que resulta em sistemas e estruturas alternativas para ultrapassar problemas específicos.

A aprendizagem é criada quando as experiências históricas não conseguem fornecer soluções para as crises que ocorrem nas situações actuais. Podemos argumentar que, neste cenário, a saliência dos recursos não é um dado adquirido, mas sim um processo de criação de sentido em que a adoção de novos sistemas depende da atividade reflexiva e experimental realizada pelos indivíduos em determinadas situações, reagindo a pistas disponíveis no ambiente (Weick, 1995).

O sucesso ou o fracasso podem ter pouco a ver com o acesso ou a adoção de recursos específicos, em momentos particulares, mas mais com as competências de gestão e organizacionais, a experiência, as aptidões ou os sistemas que podem dar às organizações a capacidade de explorar e adaptar, e de romper, com as dependências de percurso existentes.

A investigação sobre a gestão do conhecimento deve centrar-se no ato de criação do conhecimento através da comunicação e da aceitação de novas ideias. Neste caso, a gestão do conhecimento basear-se-á na utilização da linguagem para construir um entendimento coletivo; neste sentido, a criação de conhecimento é uma atividade partilhada de "criação de sentido" (Weick, 1995). É neste contexto de negociação e discussão que os gestores têm a oportunidade de delinear os resultados através dos seus poderes de argumentação ou através de uma interação de experiências individuais e colectivas que levam a convencer os outros da validade das soluções propostas para os problemas percebidos.

A arrogância e a complacência nunca ajudarão os gestores a tornarem-se melhores decisores em situações de crise; apenas conduzem a sérios problemas. Um gestor que não reconheça a exposição ao risco da sua empresa e que não desenvolva um planeamento de crise encontrar-se-á numa situação muito crítica quando a crise chegar. Assim, para além de evitar completamente os locais de crise elevada, uma das medidas mais óbvias que deve ser tomada é avaliar as crises passadas já expostas e tentar desenvolver planos de gestão que incluam várias etapas, tais como: Enfrentar - Repensar - Iniciar - Detetar - Intervir - Ensacar a areia.

➢ Enfrentar uma crise - Enfrentar uma crise é fazer tudo o que for necessário para minimizar os danos e as perdas resultantes da crise. O Plano de Gestão de Crises (PGC) permite que os gestores respondam corretamente e façam um melhor trabalho de enfrentamento. Mesmo que o plano de gestão de crises não resolva todos os problemas, na maioria dos casos, o stress de lidar com uma crise será, pelo menos, mais suportável com a ajuda de um plano de gestão de crises. Assim, os gestores de uma empresa têm de responder à crise de forma decisiva, com coragem, determinação, dignidade... porque uma boa liderança pode tirar a empresa da situação crítica mais rapidamente.

➢ Repensar - Não se trata de reparar as culpas, mas sim de compreender os erros do passado e procurar uma melhor forma de evitar a sua repetição no futuro, e irá trazer os esforços necessários para reforçar as capacidades organizacionais na aprendizagem e prevenção de crises.

➢ Iniciar - Como já explicámos, o CMP é uma parte muito importante numa organização. É por isso que, se forem feitas quaisquer alterações ao plano, estas devem ser rapidamente comunicadas a todos os funcionários envolvidos no programa de gestão de crises da empresa, o que significa que mantê-lo atualizado é crucial. No entanto, o passo inicial requer que os gestores e os seus colegas que partilham a mesma crença no princípio da melhoria contínua desempenhem o papel de defensores da mudança.

➤ Deteção - O objetivo da deteção é "captar os sinais de alerta precoce de uma crise potencial", o que pode ser conseguido através de uma análise S.W.O.T. (Forças, Fraquezas, Oportunidades e Ameaças), que leva a um acompanhamento rigoroso do ambiente interno e externo de uma empresa e, neste caso, os gestores serão capazes de fazer uma leitura perspicaz destas tendências e desenvolvimentos, permitindo-lhes identificar e seguir sinais importantes que pressagiam uma crise. Para aumentar o sucesso da deteção, os gestores podem praticar a técnica de gestão por deambulação (Management By Wandering Around - MBWA), que os manterá em contacto mais próximo com outras pessoas na empresa, falando e ouvindo os subordinados e colegas. O outro passo para o sucesso é o trabalho em rede, que alargará a base de contactos externos do gestor e aumentará a probabilidade de conseguir explorar fontes vitais de informações relacionadas com a crise que, de outra forma, poderiam passar despercebidas.

➤ Intervenção - É quando os sinais de alerta precoce são tão claros que os gestores não se podem dar ao luxo de ficar de braços cruzados. Por outras palavras, devem reagir com qualquer intervenção estratégica que tenham decidido para evitar que uma crise potencial cresça e se alastre. É um passo muito difícil para os gestores, mas é necessário se quiserem salvar as suas empresas de uma crise que exigirá substancialmente mais recursos para ser ultrapassada.

➤ Sandbagging - O papel do sandbagging é fortificar e salvaguardar a empresa contra uma crise que apresente todos os sinais de um perigo claro e presente. Para resolver esta crise, os gestores não devem hesitar em aplicar o CMP e colocar todos os membros da gestão de crises em alerta máximo.

É por isso que uma gestão eficaz das crises exige uma abordagem sistemática e disciplinada baseada na vigilância, na sensibilidade da gestão e numa boa compreensão da importância de um planeamento cuidadoso e da prontidão da organização. Uma vez que a gestão de crises garantirá a estabilidade e a viabilidade de uma organização.

É certo que os gestores não podem estar preparados para todos os tipos de crise, mas podem reduzi-las se se empenharem em fazer do seu trabalho de gestão de crises uma parte inseparável da sua responsabilidade de gestão. As seis etapas acima descritas ajudarão os gestores a desenvolver melhor as suas capacidades de tomada de decisão e a compreender melhor a importância de integrar a gestão de crises no processo de gestão estratégica.

## 1.2 Investigação prospetiva

Esta investigação teve como principal objetivo responder à seguinte questão: ***"Como é que os princípios da Gestão de Crises se aplicam à condução de uma organização através de uma crise*** *estratégica? "*

A nossa investigação sublinhou a importância de compreender as crises, tomando como exemplo a indústria do turismo, porque esta indústria é altamente suscetível à mudança e às crises. Este facto pode dever-se à natureza caótica e complexa destes incidentes e à incapacidade de alguns gestores para prevenir estas situações inesperadas. Por conseguinte, sugerimos que é necessária uma abordagem estratégica, holística e proactiva da gestão de crises na indústria do turismo através de:

> Desenvolver uma análise e um planeamento proactivos

> Implementar estratégias quando ocorrem crises

> Avaliar a eficácia destas estratégias para assegurar o aperfeiçoamento contínuo das estratégias de gestão de crises através de um processo de aprendizagem.

Estudando os acontecimentos passados, as respostas das pessoas afectadas e as medidas de recuperação adoptadas, e avaliando retrospetivamente a eficácia dessas respostas, podemos desenvolver estratégias para fazer face a acontecimentos semelhantes no futuro. Tendo em conta que muitas crises são atribuíveis a acontecimentos naturais aleatórios, que estão fora do controlo da tecnologia mais avançada, os impactos destes fenómenos podem ser moderados por práticas de planeamento e gestão. No entanto, as organizações necessitam de flexibilidade e monitorização contínua para conceber e implementar estratégias eficazes para lidar com o caos e a mudança. Tal como referido anteriormente, as organizações devem adotar uma abordagem holística para a gestão de crises e podem ter de reconfigurar a sua estrutura de gestão, considerar aspectos relacionados com a afetação de recursos e a cultura organizacional, que podem influenciar a eficácia da gestão de crises. Além disso, é necessária uma liderança para orientar o sector em tempos de crise.

É também necessária investigação que siga diferentes posições paradigmáticas para melhorar a nossa compreensão da gestão de crises, incluindo:

➢ Teoria do caos e da complexidade aplicada às crises

➢ Abordagens positivas para enumerar os níveis de preparação e as reacções da indústria às crises e ajudar a prever incidentes através de modelos de estimulação por computador.

Espera-se que isto permita ao sector encarar estes incidentes como uma parte quotidiana da vida e começar a planeá-los e geri-los de uma forma estratégica e holística, reduzindo potencialmente os seus impactos na empresa e na sociedade.

A nossa investigação permite-nos estabelecer a forma como as organizações se gerem a si próprias para aumentar a sua robustez face a crises futuras. Embora seja positivo que vários autores reconheçam que uma crise é em si mesma uma fonte de aprendizagem, poucos deles descreveram a natureza do processo de aprendizagem das organizações, a natureza das suas aprendizagens e as condições que suportam o desenvolvimento dessas aprendizagens.

Estas são, consequentemente, as linhas de investigação que poderão ser exploradas no futuro. O quadro de gestão de crises apresentado neste documento sugere aos gestores conceitos e mecanismos fundamentais em duas situações de crise alternativas. Munidos destes conceitos e mecanismos-chave, os gestores estariam em melhor posição para se prepararem e responderem a crises organizacionais. Este trabalho pode ser alargado a futuras investigações no domínio da mudança e da reviravolta empresarial.

Como alguns investigadores salientaram, uma conceção de investigação dominante na literatura sobre a recuperação de empresas tem sido a) identificar empresas com um desempenho em declínio e b) examinar o efeito subsequente de várias acções de gestão no desempenho da empresa. Esta investigação sugere que esta abordagem pode ser inadequada e que as estratégias de recuperação eficazes devem estar intimamente ligadas às causas das crises organizacionais. Uma direção para a investigação futura é ligar parâmetros de mudança pormenorizados, como a substituição da liderança, a alteração do sistema de recompensa e controlo, a comunicação da flexibilidade organizacional, etc. Além disso, é necessário estudar tanto a génese como o impacto das crises em termos de fluxos contínuos de política, de políticas e de administração. Se as crises hoje em dia são predominantemente vistas como consequências não planeadas e provocadas pelo homem de intervenções passadas, só podemos compreender a sua ocorrência quando estudamos a lógica e a implementação dessas intervenções passadas. Do mesmo modo, se as crises são janelas de oportunidade para mudanças políticas e institucionais no sector ou no sistema político em que ocorrem, devemos estudar como e porque é que alguns actores aproveitam essas oportunidades com sucesso e outros não.

Uma crise é um ponto de viragem, para o bem ou para o mal, que cria um acontecimento significativo ou uma mudança radical que tem impacto na vida de uma empresa. No melhor dos casos, uma crise pode ser convertida numa oportunidade. Esperamos ter proporcionado nesta investigação uma base sólida para novas reflexões, gerando e incentivando um campo de investigação que contribua para uma maior compreensão das crises organizacionais.

# CAPÍTULO 4

## *Conclusão*

As crises são oportunidades para aprender e construir uma vantagem competitiva. Este estudo explorou a importância do planeamento e da preparação numa organização. Foi necessária uma melhor compreensão de como lidar com as crises que perturbam a sua capacidade de funcionamento. A atenção centrou-se na consciencialização da empresa para as crises, através da criação de flexibilidade estratégica, que apresenta a capacidade de responder prontamente às oportunidades de mercado e à evolução das tecnologias. Além disso, os efeitos das primeiras experiências sugeriram fortemente que a gestão de crises não é apenas uma questão de encontrar uma combinação adequada de estratégias e tácticas, mas também de uma gestão delicada do processo ao nível do grupo de tomada de decisões, porque a crise pode revelar as penalizações da má gestão da crise - falta de interesse, conhecimentos, competências, planeamento e flexibilidade organizacional - que podem aumentar a vulnerabilidade.

Acreditamos que o nosso trabalho fornece contributos tanto a nível teórico como de gestão:

> **Contribuições teóricas e implicações**

Em primeiro lugar, a nossa investigação debruçou-se sobre as publicações de Seibest (1978) - Shrivastava e Mitroff (1987) - Pauchant e Mitroff (1992) Roux-Dufort e Metais - Faulkner (2001) etc., e apresentámos teorias e conceitos para compreender o termo gestão de crises que leva uma organização a tomar precauções e a minimizar os efeitos potenciais da crise. Em segundo lugar, defendemos que as organizações modernas devem integrar o conceito de crise na sua estratégia global. Sugerimos que a gestão de crises é uma parte importante da gestão estratégica porque assegura a estabilidade de uma organização. Além disso, propomos que as organizações que enfrentam incertezas e mudanças nas condições de mercado precisam de ser capazes de aprender. Para atingir os nossos objectivos, baseámos a nossa investigação na VBR relativa à Gestão Estratégica de Crises (ver 1.2), a fim de identificar as capacidades organizacionais que ajudam as empresas a gerir a saída da crise (ver 1.5). A nossa investigação tentou dar contributos para a literatura sobre orientação para o mercado, flexibilidade estratégica e processo de aprendizagem. Mostrámos também que a importância das capacidades organizacionais (orientação para o mercado ou flexibilidade estratégica) que apoiam as organizações na gestão de uma crise depende do aspeto do ambiente.

Além disso, sublinhamos como as ideias de gestão de crises se integram no processo de gestão estratégica e como podem ter um impacto direto na capacidade de uma organização para lidar com uma crise estratégica. A metodologia, no entanto, foi derivada da análise qualitativa de estudos de caso, sob a forma de descrições baseadas em dois tipos de empresas: a primeira no sistema de transporte aéreo e a segunda na indústria do turismo internacional. Estes dois casos sugerem conceitos-chave e mecanismos que levam os gestores a estarem em melhor posição para se prepararem e responderem a crises organizacionais. Nestas circunstâncias, seria arriscado presumir que os resultados não são incontestáveis, nem seria apropriado interpretar os resultados como suficientes para fazer qualquer conjunto específico de recomendações.

> **Contribuições e implicações para a gestão**

"Como é que *os princípios da Gestão de Crises se aplicam à condução de uma organização através de uma crise estratégica?* "Esta é uma questão importante que os profissionais estão a colocar em organizações de todo o mundo. A nossa investigação ajuda a dar uma resposta parcial a esta questão. Os gestores devem dar ênfase ao desenvolvimento de competências de orientação para o mercado, flexibilidade estratégica e processo de aprendizagem, reconhecendo a sua eficácia na gestão de diferentes componentes do ambiente. Há questões e conclusões que podem ser acrescentadas a futuros estudos sobre a forma como as organizações lidam com um acontecimento inesperado de viragem e mudança. Outra questão a considerar é se todas as organizações apresentam igualmente o fenómeno dos equilíbrios pontuados. As implicações para a gestão de crises podem ser diferentes, tendo em conta a tipologia das organizações:

> Mudança estratégica: há indícios de uma mudança de estratégia quando se observa uma mudança de ação. Entre as razões mais importantes estão as seguintes:
>
>   a. Condições internas: envolvem principalmente a disponibilidade de recursos e alterações nos objectivos
>   b. Condições externas: envolvem mudanças no ambiente, incluindo acções imprevistas
>
> Tipos estratégicos: podem ser implementados através de crescimento interno ou através de aquisições, fusões e joint ventures
>
>   a. Aquisição: a compra da totalidade ou de parte de uma organização por outra
>   b. Fusão: a combinação de duas ou mais empresas numa única organização
>   c. Joint Venture: ocorre quando duas ou mais organizações disponibilizam recursos para apoiar um determinado projeto ou oferta de produto.

De igual modo, é interessante compreender as conceptualizações dos tipos de aprendizagem, bem como a forma como os gestores utilizam as crises para introduzir mudanças.

Podemos chegar a uma conclusão que pode ser feita com poucas excepções: a aprendizagem. Ter em conta a possibilidade de crise exigiria provavelmente outras práticas de gestão, baseadas em trocas de ideias abertas. Esta breve análise da literatura clássica e mais recente sugere que não existe um conjunto único e absoluto de princípios e regras para conceber uma gestão de crises eficaz. Tudo depende do contexto da sua utilização: quais são os principais objectivos, quem são os participantes, quanto tempo e recursos estão disponíveis?

Por conseguinte, podemos sugerir que a gestão de crises deve ser encarada como um processo de gestão contínuo que pode ser revisto e redesenhado em qualquer altura e que deve ser atualizado com o feedback da experiência e dos exercícios de simulação. No entanto, após o nosso estudo, apercebemo-nos de que algumas das empresas mais avançadas consideram atualmente a formação em gestão de crises como um módulo essencial do programa de formação empresarial.


## Referências:

Ali, L., (1992). "Symbolic planning and disaster preparedness in developing countries - the Presbyterian Church in Vanuatu" (Planeamento simbólico e preparação para catástrofes nos países em desenvolvimento - a Igreja Presbiteriana em Vanuatu) *International Journal of Mass Emergencies and Disasters, Vol.10, No.2, pp. 293-314*

Associação das Companhias Aéreas Europeias, (2002). "Resultados do tráfego das companhias aéreas europeias"

Barney, J.B., (1986). "Strategic Fator Markets: Expectations, Luck and Business Strategy". *Management Science, Vol. 32, pp. 1512-1514*

Barney, J.B., (1991). "Firm Resources and Sustained Competitive Advantage" *Journal of Management, Vol. 17, No.1.pp. 99-120*

Barney, J.B., (2001). "Is The Resource-Based View a Useful Perspective For Strategic Management Research? Yes" *Academy of Management Review, Vol.26, No. 1, pp.41-56*

Bertrand, R., e Chris, L., (2002). "A New Approach to Crisis Management" *Journal of Contingencies and Crisis Management, Vol.10, No. 4, pp.181-191*

Blaikie, P., Cannon, T., Davis, I., & Wisner, B., (1994). "At risk: Natural Hazards, People's vulnerability and disasters" *Londres: Routledge*

Brammer, H., (1990). "Floods in Bangladesh: A geographic background to the 1987 and 1988 floods" In Faulkner, B., (2001) *Geographical Journal, Vol. 156, No. 1,pp. 12-22*

Burby, R.J., e Wagner, F., (1996). "Protecting Tourists from Death and Injury in coastal storms" *Disasters, Vol. 20, No. 1, pp. 49-60*

Burnett, J. J., (1998). "A Strategic Approach to Managing Crises", *Public Relations Review, Vol. 24, No.4,pp. 475-488*

Cannon, A.R., e St John, C.H., (2004). "Competitive Strategy and Plant-Level Flexibility", *International Journal of Production Research, Vol. 42, No. 10*

Cassedy, K., (1991). "Crisis Management Planning in the Travel and Tourism Industry: A Study of Three Destinations and a Crisis Management Planning Manual" *São Francisco: PATA*

Chong, J. K. S., (2004). "Six Steps to Better Crisis Management", *Journal of Business Strategy, Vol. 25 No.2, pp. 43-46*

Churchill, N.C., e Lewis, V.L., (1983). "The Five Stages of Small Business Growth" (As cinco fases do crescimento das pequenas empresas) *Harvard Business Review, Vol. 61, No. 3, pp. 30-39*

Daft, R.L., e Macintosh, N.B., (1984). "The Nature and Use of Formal Control Systems for Management Control and Strategy Implementation" *Journal of Management, Vol. 10, No. 1, pp. 43-66*

Deschamps, I., Lalonde, M., Pauchant, T. C., e Waaub, J. P., (1997). "What Crises Could Teach us about Complexity and Systemic Management" *The Case of the Nestucca Oil Spill, Documento de trabalho, HEC, Montreal*

Drabek, T. E. e Hoetmer, G. J., (Eds) (1991). "Emergency Management: Principles and practice for Local Government" *Washington, DC: International City Management Association*

Drabek, T.E., (1995). "Disaster Responses within the Tourism Industry" *International Journal of Mass Emergencies and Disasters, Vol. 13, No. 1, pp. 7-23*

Dutton, J. E., (1986). "The Processing of Crisis and Non-Crisis Strategic Issues", *Journal of Management Studies, Vol. 23, pp. 501-517*

Edmondson, A.C. e Cannon, M.D., (2005). "Failing to Learn and Learning to Fail (Intelligently): How Great Organizations Put Failure to Work to Innovate and Improve" *Long Range Planning, Vol. 38, No. 3, pp.299-319*

Faulkner, B., (2001). "Toward a framework for tourism disaster management" (Para um quadro de gestão de catástrofes turísticas) *Turismo*
*Gestão, Vol. 22, pp.135-147*

Fink, S., (1986). "Crisis Management: Planning for the Inevitable" *Amacom, Nova Iorque*

Galbreath, J., (2005). " Which Resources Matter the Most to Firm Success? An Explonatory Study of Resource-Based Theory" *Technovation, Vol. 25, pp. 979-987*

Ginter, P.M., Rucks, A.C., e Ducan, W.J., (1985). "Planners Perceptions of the Strategic Management Process" *Journal of Management Studies, Vol. 22, No.6, pp. 581-96*

Glaesser, D., (2003). " Crisis Management in the Tourism Industry" (Gestão de crises na indústria do turismo) Butterworth Heinemann

Gonzalez-Herrero, A., e Pratt, C., B., (primavera, 1995). "How to Manage a Crisis before - or whenever - it Hits" *Public Relations Quarterly, pp.25-29*

Grewal, R., e Tansuhaj, P, (abril, 2001). "Building Organizational Capabilities for Managing economic Crisis: The Role of Market Orientation and Strategic Flexibility" *Journal of Marketing, Vol. 65, pp. 67-80*

Hart, P.T., Heyse, L., e Boin, A., (2001). "Introdução ao Editorial Convidado News Trends in Crisis Management Practice and Crisis Management research: Setting the Agenda" *Introdução ao Editorial Convidado, Vol. 9, No. 4, pp. 181-188*

Hatty, H., e Hollmeier, S., (2003). "Airline Strategy in the 2001/2002 Crisis - The Lufthansa example" *Journal of Air Transport Management, Vol.9, pp. 51-55*

Heath, R., (1998). "Crisis Management for managers and executives" (Gestão de crises para gestores e executivos), *Londres: Financial Times Management*

Hofer, C.W., e Schendel, D., (1978). "Strategy formulation: analytical Concepts" *St Paul, MN: West*

Hwang, P., e Lichtenthal, J.D., (2000). "Anatomy of Organizational Crises" *Journal of Contingencies and Crisis Management, VoL8, No.3, pp. 129-140*

Associação Internacional de Transporte Aéreo, (2002). "World Air Transport Statistics" *46 Editions[th]*

Kangis, P., e O'reilly, M.D, (2003). "Strategies in a Dynamic Marketplace - A Case study in the Airline Industry" *Journal of Business Research, Vol. 56, pp. 105-111*

Kovoor-Misra, S., (1995). "A Multi-dimensional Approach to Crisis Management Preparation for Technical Organization: Some critical Factors" *Technological Forecasting and Social Change, Vol. 48, pp. 143-160*

Lagadec, P., (1997). "Learning Process for Crisis Management in Complex Organizations" *Journal of Contingencies and Crisis Management, Vol. 5, No.l, pp. 24-31*

Lalonde, C., (2004). "In Search of archetypes in Crisis Management" *Journal of Contingencies and Crisis Management, Vol. 12, No. 2, pp. 76-88*

Lichtenstein, B.M.B., Brush, C.G., (2001). "How Do Resource Bundles Develop and Change in New Ventures? A Dynamic Model and Longitudinal Exploration" *Entrepreneur ship: Theory and Practice, Vol. 25, No. 3,pp. 37-59*

Macpherson, A., (2005). "Learning How to Grow: Resolving the Crisis of Knowing" *Technovation, Vol. 25, pp. 1129-1140*

Mintzberg, H., (1978). "Patterns in strategy Formulation" *Management Science, Vol. 24, No. 9, pp. 934-48*

Mitroff, I. L, Pauchant, T.C., e Shrivastava, P., (1988). "The Structure of Man-made Organizational Crises: Conceptual and Empirical Issues in the Development of a General Theory of Crisis Management" *Technological Forecasting and social Change, Vol. 33, pp. 83-107*

Nanda, A., (1996). "Resources, Capabilities and Competencies", *Aprendizagem Organizacional e Vantagem Competitiva, Capítulo 5*

Nutt, P.C., (1986). "Tactics of Implementation" *Academy of Management Journal, Vol. 29, No. 2, pp. 230-61*

Pauchant, T.C., (1988). "An annotated Bibliography in Crisis Management" *Ecole des Hautes Etudes Commerciales. Universidade de Montreal, Quebec, Canadá.*

Pauchant, T., Morin, E., (1996). "La Gestion Systematique des Crises et de la Contre- Production: Le Courage de gerer" *Revue Francaise de Gestion, Vol. 108, pp. 90-99*

Pauchant, T. C., e Mitroff, I. L, (1992). "Transforming the Crisis-Prone Organization" São Francisco: Jossey-Bass

Pearson, C., Clair, J., (1998). "Reframing Crisis Management", *Academy of Management Review, Vol. 23, pp. 59-76*

Pearson, C., e Mitroff, 1.1., (1993). " From Crisis Prone to Crisis Prepared: A Framework for Crisis Management", *Academy of Management Executive, Vol. 7, pp.48-59*

Penrose, E.T. (1959). "The Theory of the Growth of the Firm", *Basil Blackwell, Oxford*

Pfeffer, J. (1994). "Competitive Advantage through People", *Boston, MA: Harvard Business School Press*

Pizam, A., e Mansfield, Y., (Eds) (1999). "Consumer Behavior in Travel and Tourism" *Haworth Press*

Preble, J. F., (1997). "Integrando a Perspetiva de Gestão de Crises na Estratégia de Processo de Gestão ", *Journal of Management Studies, Vol. 34, No. 5*

Porfiriev, B. N., (1992). "Respostas políticas a acidentes em grande escala na União Soviética" *Jornal Internacional de Emergências em Massa e Catástrofes, Vol. 10, No. l, pp. 179-87*

Porter, M.E., (1979). "How Competitive Forces Shape Strategy" *Harvard Business Review, Vol. 57, No. 2, pp.137-45*

Porter, M.E., (1980). "Competitive Strategy: Techniques for Analyzing Industries and Competitors", *Nova Iorque: Free Press*

Quarantelli, E. L. (1988). "Disaster crisis management: a summary of research findings", *Journal of Management Studies, Vol. 25, No.4, pp.373-85*

Reid, B., (2001). "Seeking Airport Crisis Solutions", *Alaska Business Monthly, Vol.7, No. 4, pp. 62-64*

Richardson, B., (1994). " Crisis Management and the Management Strategy: Time to loop the loop" *Disaster Prevention and Management, Vol. 3, No. 3, pp. 59-80*

Ritchie, B., W., (2004). "Chaos, crises and disasters: a strategic approach to crisis management in the tourism industry", *Tourism Management Vol. 25, pp.669-683*

Robert, B., e Lajtha, C., (2002). "A New Approach to Crisis Management" *Journal of Contingencies and Crisis Management, Vol. 10, No. 4, pp. 181-191*

Roberts, V., (1994). "Flood Management: Bradford Paper" *Disaster Prevention and Management, Vol. 3, No. 2, pp. 44-60*

Roux-Dufort, C. & Metais, E., (1999). "Building Core Competencies in Crisis Management through Organizational Learning", *Technological Forecasting and Social change, pp. 113-127*

Selbst, P., (1978). "Crisis Management Strategy: competition and Change in Modem enterprises" *Nova Iorque: Routledge*

Shrivastava, P., (1987). "Rigor and Practical Usefulness of Research in Strategic Management" *Strategic Management Journal, Vol. 8, No.l.pp. 77-92*

Shrivastava, P., (1985). "Ecocentric Management for a Globally Changing Society", *artigo apresentado na Conferência da Academia de Gestão, Vancouver, BC*

Shrivastava, P. e Mitroff, I. I., (1987). "Strategic management of corporate crises", *Columbia Journal of World Business, Vol. 22, No.l,pp. 5-11*

Shrivastava, P., Mitroff, I. I., Miller, D. e Miglani, A., (1988). "Understanding industrial crises", *Journal of Management Studies, Vol. 25, No. 4, pp. 285-303*

Sipika, C. e Smith, D., (1993). "From Disaster to Crisis: The Failed Turnaround of Pan American airlines" *Journal of Contingencies and Crisis Management, Vol. 1, No.3, pp. 138-151*

Smith, D., (1992a). "The Kegworth Aircrash: a Crisis in Three Phases" *Disaster Management, Vol. 4, No. 2, pp. 63-72*

Turner, D., (1994). "Resources for disaster recovery", *Security Management, Vol. 28, pp. 57-61*

Weick, K., (1995). "Sensemaking in Organizations" *Sage, Thousand Oaks, CA*

Wemerfelt, B., (1984). "A Resource-Based View of the Firm", *Strategic Management Journal, Vol. 5, No. 2,pp. 171-180*

Wilson, B. G., (1992). "Crisis Management: A Case Study of Three American Universities", *dissertação não publicada, Universidade de Pittsburg, PA*

OMT/ONU (2002). "Recomendações sobre estatísticas do turismo"

MIX
Papier aus verantwortungsvollen Quellen
Paper from responsible sources
FSC® C105338
www.fsc.org

Printed by Books on Demand GmbH, Norderstedt / Germany